Inhalt

Vorwort 9

Teil I • In Harmonie mit Kraftfeldern leben
Geleitwort von Adolf Wiebecke 15
Einleitung • Wie alles begann 17
1   Mein persönlicher Weg und
    die Entwicklung der Welle 21
    Den wissenschaftlichen Beweis antreten 29
    Einen alten Traum verwirklichen 32
2   Meine Begegnung mit Ruediger Dahlke 35
3   Die Welle – angewandtes Erfahrungswissen
    im modernen Kontext 41
    Meridiane – die Energieleitbahnen 43
    Körpereigene Antennen
    in Form von Magnetitkristallen 46
4   Mit Schwingung und Resonanz umgehen 49
    Aufsehenerregende Experimente 56
    Unerklärliche Phänomene 59
    Aus meiner Arbeit 63

Teil II • Gesundheit und Schwingung
1   Gedanken zur Informationsmedizin und
    zur Harmonisierung von Störzonen
    und Standorten 71
2   Was man über Felder wissen sollte 81
3   Das Resonanz- oder Affinitätsgesetz 87

4	Resonanz und die Konsequenzen	103
5	Einfluss und Einklang	109
6	Liebe und Einheitserfahrung	113
7	Nutzen bringen	117
8	Wahrnehmung oder Die Wirklichkeit hinter unserer Wirklichkeit	121
9	Zwei Übungen zur Wahrnehmung	131
10	Wie geschieht Heilung?	137
11	Licht und Farbe	149
12	Klang und Ton	157
13	Erde und Wasser	163
14	Morphische Felder genauer betrachtet	167
15	Die Macht der Felder und die Qualität der Zeit	173
16	Vom Ritual zur Informationsmedizin	179
17	Form und Wirkung	183

Teil III • Forschungsberichte
Ergebnisse wissenschaftlicher Studien
zu Reiz- und Störzonen 189
Historische Vorbilder 191
Wissenschaftliche Vorgehensweise 193
Die grundlegende Bergsmann-Studie, 1990 196
Studie von Holler, Jell, Piberger u. a., 2003 199
Studie am Sozialpädagogischen
Zentrum Salzburg, 2004 202
Studie von Hacker und Mitarbeitern, 2005 203
Interview mit Chefarzt Professor
Dr. Gernot Pauser, 2005 204

Ruediger Dahlke

Störfelder und Kraftplätze

Wie man die einen nutzt und die anderen beseitigt

Das Resonanzgesetz im täglichen Leben

Mit einem Geleitwort von
Adolf Wiebecke

Deutsche Originalausgabe
1. Auflage 2014
ISBN 978-3-86191-055-8

© 2012 Crotona Verlag GmbH & Co.KG

Kammer 11 • 83123 Amerang • www.crotona.de

Umschlag: Annette Wagner

unter Verwendung von © #41398068

© Andres Rodriguez - Fotolia.com

Druck: C.H. Beck • Nördlingen

Teil IV • Nachwort
Abschließende Betrachtungen..................................... 211
Aussichten für eine schwingungsmäßig
optimierte Zukunft... 213

Vorwort

Die erste Begegnung mit meinem Freund Adolf Wiebecke liegt lange zurück. Es war in einem unserer an die Zen-Tradition angelehnten Seminare „Fasten – Schweigen – Meditieren" vor etwa zwanzig Jahren, auf das viele weitere Seminare, in denen es um Meditation und verbundenen Atem ging, folgten. Als erfolgreicher Unternehmer im Bereich des Innenausbaus fiel er mir insofern rasch auf, als er ausgesprochen sensibel auf alle Energie-Phänomene reagierte, die seine eher hartgesottenen Kollegen aus der Geschäftswelt locker wegsteckten oder gar nicht erst bemerkten. Als wir uns besser kennen lernten, erfuhr ich von seinen radiästhetischen Erfahrungen und seinen Reisen, die ihn durch die Welt führten auf der Suche nach Kraftplätzen und besonderen Energie-Feldern. Er sammelte Sand, also vor allem Silizium, von solchen Orten und nahm Wasserproben von besonders heilkräftigen Quellen, so wie andere Briefmarken oder Bierdeckel sammeln, allerdings mit deutlich mehr Aufwand und Engagement. So entstand eine eigenartige und einzigartige Sammlung von Energie- bzw. Informations-Trägern der subtilen Art und ein einmaliger Schatz an Erfahrungen.

Die außergewöhnliche und für mich einzigartige Kombination von Unternehmer und Geschäftsmann einerseits und Sensitivem andererseits führte dann auch im Laufe der Jahre zu einer besonderen Entwicklung. Er gab sich nämlich nicht mit seinen persönlichen Erfahrungen in diesem Außenseiterbereich zufrieden, der zwar tief im traditionellen Wissen der Bevölkerung verankert, aber von der Wissenschaft belächelt wurde, sondern versuchte auf seine Art, Licht ins Dunkel zu bringen. So brachte er jene zusammen, die sich in Österreich mit solch subtilen und von der Wissenschaft bis dato ignorierten Energien beschäftigt hatten und animierte sie zu wissenschaftlichen Untersuchungen, die jeder Kritik standhalten konnten. Um diesen Prozess der Erforschung und Messung in Gang zu bringen, förderte er – zum Teil mit eigenen Mitteln – zuerst einmal wissenschaftliche Untersuchungen mit dem Ziel des Nachweises von geopathischen Störzonen und ihren belastenden Wirkungen auf den Menschen sowie mögliche Ausgleichsmaßnahmen. Das führte zu den erheblichen Erfolgen, die in diesem Buch zum Ausdruck kommen. Es ist so wohl weitgehend sein Verdienst, dass wir heute ausreichend Studien haben, die geopathische Störzonen im Hinblick auf die menschliche Gesundheit mit vielen verschiedenen Messmethoden belegen. Mit Hilfe von Forschern, besonders der Universitäten Wien und Salzburg, gelang es ihm darüber hinaus, die Wirkungen seiner „Welle" als harmonisierende Ausgleichsmaßnahme so vielfältig zu beweisen, dass diese heute als bewährt und gut belegt an vielen – auch öffentlichen – Orten vor allem in Österreich über allem schwebt. Als „Wiebecke-Welle" und heute offiziell „Geonado-Welle" hat sie sich ihr Feld bereits geschaffen und ist weit über den Status des Geheimtipps hinaus ins Land und Bewusstsein vorgedrungen.

Ich hoffe, dieses Buch wird diese Entwicklung weiter voranbringen und das ganze Gebiet damit nicht nur akzeptabler machen, sondern ihm auch die Beachtung verschaffen, die es um der allgemeinen Gesundheit willen verdient. Zu meinem Anliegen, ein „Feld ansteckender Gesundheit" zu schaffen, gehört sie seit langem dazu, und ich hab sie viele Jahre zu meinen Seminaren mitgenommen und jeweils zu Beginn an der Decke installieren lassen.

Inzwischen gehen die mit subtilen Energien gemachten Erfahrungen aber weit über die Welle hinaus. Ab 2010, mit dem Aufbau unseres Seminar- und Lebens-Zentrums „TamanGa" bei Gamlitz in der Südsteiermark, haben wir uns entschlossen, neben ökologischen Erwägungen bezüglich Solar-, Photovoltaik und Hackschnitzelheizanlange auch die Energie-Situation in diesem subtilen Bereich von Anfang an mit einzubeziehen. So stehen die Häuser nicht nur auf guten Plätzen, sondern sind mit besten Materialien wie Holz und Lehm und ohne Leim und Metall gebaut. Es hängen nicht nur Wellen in allen Giebeln, inklusive des Gewächshauses, sondern jedes einzelne Fußbodenbrett von über 1000 m^2 Eichenparkett ist mit den Schwingungen von Orten der Kraft informiert, und das Wasser in allen Bereichen ist mit der Energie der bedeutendsten Heilquellen aufgeladen. Diese Informierung mit subtilen Energien kann man sich vorstellen wie die von Magnetstreifen auf Scheckkarten – und tatsächlich läuft sie auch über Magnet-Felder. In diesem Bereich wollen wir zusammen noch weitere Schritte machen und auch die Schlaf-Situation – und damit die Betten – in diese Strategie mit einbeziehen. Das „Feld ansteckender Gesundheit" kennt natürlich keine Grenzen und hat neben der Bewusstseins-Dimension auch eine Verknüpfung mit diesen subtilen Bereichen. Auf nachhaltiger ökologischer Basis, die natürlich auch Vollwerternährung aus dem eigenen Garten einschließt, möchten wir an dem Muster-Beispiel „TamanGa" ein gesundes Feld mit besten entwicklungsfördernden Schwingungen in einer schwierigen Zeit schaffen, das viele – allein durch seine Lebensqualität – überzeugen kann, neue und nachhaltige Wege zu wagen.

Adolf Wiebecke danke ich in diesem Zusammenhang für seine großzügige Unterstützung und seinen unermüdlichen Forschergeist, von dem ich mir noch viele spannende Impulse und Anstöße erwarte. Besonders schätze ich seinen Mut, auch dort nicht zurückzuschrecken und aufzugeben, wo die Bedenkenträger aller Sparten zuerst Anstoß nehmen, um sich erst spät, dann aber meist vehement, den Neuerungen anzuschließen – beinahe als hätten sie sie erfunden. In dieser Hinsicht bin ich auch froh, mit diesem Buch die Position dieses besonderen Erfinders und Entdeckers entsprechend zu würdigen, und stolz, an den zu erwartenden Durchbrüchen im Bereich subtiler Energien und ihrer Auswirkungen mithelfen zu dürfen. Als ich vor fast dreißig Jahren, zusammen mit meinem Freund Baldur Preiml, dem Trainer vieler österreichischer Skispringer und Goldmedaillen-Gewinner, das Trinken von genug Leitungswasser zu propagieren begann, glaubten zuerst auch nur wenige an einen Erfolg. Heute ist Leitungswasser im deutschsprachigen Bereich zu einem überall verfügbaren, anerkannten Getränk geworden. Jetzt haben wir die Chance, seine subtileren Qualitäten noch erheblich zu verbessern und darüber hinaus auch die unserer weiteren Lebensgrundlagen. Ich bin guten Mutes, dass wir zusammen noch viel bewegen können.

Ruediger Dahlke
Gamlitz, im August 2012

Teil I

In Harmonie mit Kraftfeldern leben

Geleitwort von Adolf Wiebecke

Einleitung

Wie alles begann

Nie zuvor hatte ich meine Mutter so schreien gehört – damals, vor über sechzig Jahren. Selbst heute noch kann ich mich daran erinnern, als wäre es gestern gewesen.

Ich hatte als Kind beim Tauchen aus dem Traunsee eine Handgranate gefischt und wollte nun mit Hilfe von Schraubenzieher und Hammer deren wunderbar farbige Zündkapsel heraustrennen. Doch plötzlich stand meine Mutter hinter mir und schrie. Ich ließ alles fallen und lief weg. Es war mein erstes echtes und bis heute tief verankertes Resonanzerlebnis.

Von Jugend an haben mich die Themen Energie, Kraft, spirituelle Orte, Kultstätten, Heilquellen und alles, was in diese Richtung geht, fasziniert. Später begann ich, mich mit Wünschelruten auseinanderzusetzen und auch still und leise, ein wenig im Verborgenen, die entsprechenden Fähigkeiten zu erlernen und auszubauen. Was ich dabei immer deutlicher erspürte, dieses Phänomen der Resonanz, beeindruckte mich von Tag zu Tag mehr. In meinen ersten Berufsjahren nahmen mich jedoch andere Aufgaben in Anspruch, und ich fand wenig Zeit für diese große Leidenschaft.

Gemeinsam mit meinem Bruder arbeitete ich viele Jahre lang im Bereich Innenausbau. Mein Bruder war für die kaufmännische Leitung zuständig; ich kümmerte mich um die Projektberatung und den Verkauf. Unser Spezialgebiet waren Verkleidungen aus Aluminium, meist im Deckenbereich und mit dem Schwerpunkt Akustik und Schall.

Dann tat mein Bruder aus meiner damaligen Sicht etwas für ihn total Untypisches und für mich vollkommen Unverständliches: Mitten in einem großen Projekt und ohne eine für mich erkennbare Vorwarnung zog er sich aus der Firma zurück. Gewissermaßen von heute auf morgen übergab er das Ruder an seinen Sohn und begann, sich als Bauer zu verwirklichen. Dabei legte er größten Wert auf die Umsetzung seiner Vorstellungen einer streng biologisch-ganzheitlichen Landwirtschaft.

Eigentlich hätte ich es wissen müssen – aus der Erinnerung an die Kindheit, genauer an den gemeinsamen Schulweg mit den Geschwistern. Als Kleinster meinem Bruder und meiner Schwester hinterherzappelnd, hatte ich nämlich gehört, wie beide vereinbarten, dass sie später, wenn sie einmal groß wären, gemeinsam einen Bauernhof mit vielen Tieren haben würden. Mir erschien dieser Plan damals vollkommen plausibel: Wir waren fünf Kinder, der Vater war im Krieg in Stalingrad, wir hatten immer Hunger, und die einzigen mir bekannten Kinder, die nicht Hunger litten, waren die vom Bauernhof.

Dennoch fiel mir die Umstellung schwer, als mein Bruder plötzlich in der Firma nicht mehr greifbar war. Er widmete sich seinem Jugendtraum, während sein Sohn im Büro saß und ich an der Verkaufsfront tätig war.

So sehr ich damals meinen Bruder bei der Arbeit vermisste und wütend an meinem Schreibtisch hockte, so tief bewundere ich bis heute seinen mutigen Schritt. Er liegt nun schon mehr als zwanzig Jahre zurück, und mein Bruder hat seine Entscheidung nie bereut. Er ist ein glücklicher, zufriedener, die Tiere und seine Arbeit liebender Bauer geworden.

1
Mein persönlicher Weg und die Entwicklung der Welle

Wahrscheinlich war dieses Ereignis der Zündfunke für meine eigenen Entwicklungsprozesse. Dieses „Lebe deinen Traum" schlummerte auch in mir. Es war offenbar schon immer da gewesen und wurde nun jeden Tag in meinem Kopf und vor allem auch in meinem Herzen lebendiger.

Ich begann, mir Zeit für mich selbst zu nehmen. Ich folgte einem jahrzehntelangen Sehnen und reiste nach Tibet, Nepal, Indien und an andere Orte, von denen ich immer geträumt hatte. Endlich konnte ich an bedeutsamen spirituellen Kraftplätzen mit meiner Wünschelrute und dem mittlerweile Gelernten in Resonanz gehen.

Für mich enthielten Legenden und Sagen stets einen Funken Wahrheit, und ich fühlte mich angespornt, ihnen nachzuforschen. Zudem ließ mich der Gedanke nicht los, dass es eigentlich gelingen müsste, einen Kraftplatz „mitzunehmen" und dorthin zu versetzen, wo Menschen ihn dringend brauchen könnten, also in Rehabilitationszentren, Intensivstationen oder an schwierige Arbeitsplätze.

Wie andere Leute Krimskrams als Reisesouvenir sammeln, nahm ich von den Orten, die mich spirituell faszinierten, etwas Gestein, Wasser oder Sand mit. Wenn ich von Expeditionen hörte, die in Gebiete mit bekannten Kraftplätzen aufbrachen, unterstützte ich sie, um entsprechende Wasser- und Gesteinsproben zu erhalten. Inzwischen ist es so, als hätte ich ein bisschen von allen Kontinenten daheim in meinen vier Wänden – und in meinen dafür eigens vorgesehenen Kühlschränken. Aufbewahrt ist dort zum Beispiel Sand von jordanischen Kraftplätzen, Wasser aus heiligen Seen der Tibeter und Inder sowie Steine aus sagenumwobenen Höhlen des Himalaya – und eben nicht die Rialto-Brücke aus Plastik oder die ägyptische Papyrusrolle „Made in China". Es ist für mich immer faszinierend, anhand dieser Proben die Intensität und Wirkung eines bestimmten Kraftplatzes nachvollziehen zu können.

Nach etlichen Reisen zu besonderen Orten der Kraft machte ich mich daran, meine Ideen und Visionen umzusetzen und eine neue berufliche Tätigkeit darauf aufzubauen. Sehr viele meiner früheren Projekte waren im öffentlichen Bereich angesiedelt gewesen, zum Beispiel in Kliniken, Verwaltungsgebäuden, Flughäfen und Banken. Ich wollte nun versuchen, hier die Qualität von Arbeitsplätzen zu verbessern.

Doch angefangen hat es dann mit einem Krankenzimmer. Ich hatte nämlich meine Pläne einigen Architekten und Krankenhausmanagern offengelegt, die nicht nur für damalige Verhältnisse sehr aufgeschlossenen waren. Wir diskutierten schließlich gemeinsam darüber, wie man ein Krankenzimmer konkret verbessern könnte, und fragten uns, was sich ein Patient wohl wünschte, wenn er im Krankenbett lag und den ganzen Tag lang mehr oder weniger an die Decke starrte. Die Frage war und ist ganz leicht zu beantworten: Eigentlich will jeder so schnell wie möglich gesund werden.

Wir erprobten daraufhin mehrere Ansätze und verfolgten verschiedene Richtungen, und dieses kreative Vorgehen bereitete allen sehr große Freude. Es lief dann darauf hinaus, ein Deckenelement zu gestalten. Unser Ziel war es, Bettlägerigen den deprimierenden Blick auf die Zimmerdecke, die ihnen die Aussicht auf den Himmel verstellte, zu verschönern.

Aus der Überlegung, dass jedes Leben ein Auf und Ab hat, entstand die Wellenform – im Sinne einer Sinuskurve. Auf der Längsseite sollten zwei verschiedene Kreisradien sein, denn der Kreis ist die vollkommene Form. Zudem hatte ich damals meine persönliche „Farbenphase" und wünschte mir, die sieben Chakras einzubeziehen, was mit Hilfe von Farben und eines Punktes aus Blattgold gelang. Auf diese Weise entstand der Prototyp der *Welle*.

Dank der Unterstützung des Architekten und einer mutigen Entscheidung der Direktion bekamen wir im Salz-

24 | Störfelder und Kraftplätze

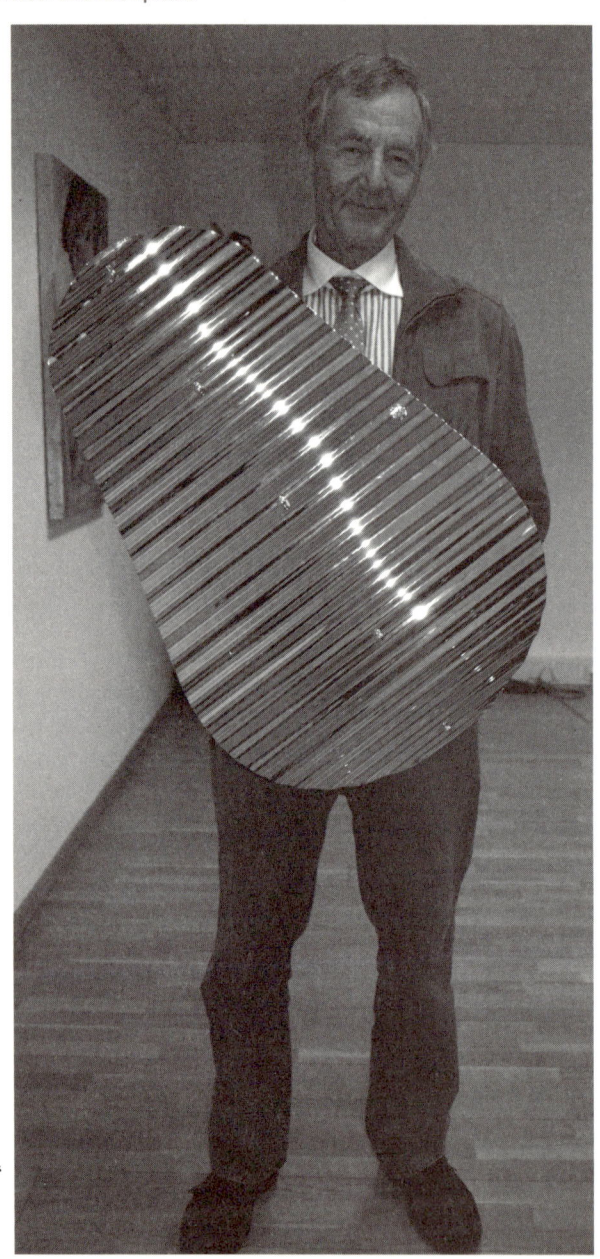

Die „Welle"

In Harmonie mit Kraftfeldern leben | **25**

Kraftplätze
in der Wüste

burger Unfallkrankenhaus ein Testzimmer zur Verfügung gestellt. An die Decke dieses Patientenzimmers montierten wir bald die erste *Welle*.

Ein paar Tage später kam das Fernsehen, um in den Abendnachrichten über das Experiment zu berichten. Die Patienten, die in unserem Testzimmer lagen, wurden interviewt, und sie erzählten, wie wohl sie sich fühlten. Vor laufender Kamera sagten sie sogar, dass es wie im Urlaub sei. Jeder kann sich wohl vorstellen, wie mein Erfinderherz höher schlug.

Es war mir damals klar, dass in diesem Patientenzimmer ein natürlicher Kraftplatz vorhanden sein musste. Sonst hätten sich die Patienten nicht so gut gefühlt. Dass die *Welle* allein dies bewirkte, wagte ich damals nicht einmal zu träumen.

Gleich am nächsten Morgen fuhr ich zum Krankenhaus und bat die Pflegedienstleiterin, das Zimmer *muten*, das heißt mit meiner Wünschelrute untersuchen zu dürfen, um bestimmte Felder oder Linien aufzuspüren. Zu meinem Erstaunen war die Pflegedienstleiterin selbst von diesen geomantischen Themen sehr fasziniert und erzählte mir von ihren eigenen jahrelangen Erfahrungen mit der Qualität von Orten. Sie sagte mir damals, dass viele ihrer Kolleginnen von Zimmern wüssten, die wie „verhext" wären, in denen die Patienten mehr Medikamente benötigten und ihre Genesung länger dauern würde. Wir diskutierten über das Vorhandensein von Erdstrahlen und Wasseradern und deren Einfluss auf den Organismus. Nach unserem Gespräch begleitete sie mich voller Interesse, um bei meiner Mutung in diesem Versuchs- und Musterzimmer dabei zu sein.

Ich testete den Raum und konnte das Ergebnis nicht fassen: Es war viel zu gut, um wahr zu sein. Die Raumenergie erwies sich als so verblüffend positiv, dass ich die Mutung mehrmals wiederholte. Ich blieb dennoch unsicher, so dass ich vor Ort gar nicht darüber sprechen mochte.

Sobald ich wieder zu Hause war, rief ich einen guten Freund an, der damals beste mir bekannte Wünschelrutengänger, und erzählte ihm von meinen Ergebnissen. Ich glaubte, eine Ley-Linie gefunden zu haben, so positiv war meine Messung gewesen. Eine Ley-Linie ist eine Energiebahn zwischen zwei besonderen Kraftplätzen; meist sind dies große Kultstätten oder Wallfahrtsorte. So etwas war an einem Ort wie Salzburg allerdings durchaus denkbar.

Mein Telefongespräch fiel jedoch ernüchternd aus. Mein Freund, der sich auch geografisch hervorragend auskannte, glaubte schlicht und ergreifend kein Wort und bremste meine Euphorie. Er meinte sogar, dass an jener Stelle eine Wasserader parallel zur Salzach verliefe und dort sicher keine Ley-Linie zu finden sei, sondern sich eher Störzonen bemerkbar machen würden.

Es gelang mir aber, ihn dazu zu überreden, in den nächsten Tagen gemeinsam mit mir die Mutung zu wiederholen. Ich konnte mir einfach nicht vorstellen, dass die befragten Patienten sich alle geirrt hatten, und ich wollte nicht glauben, dass meine eigene Mutung so danebenliegen sollte.

Glücklicherweise konnte ich mit Unterstützung der Pflegedienstleiterin das Zimmer gemeinsam mit dem Freund erneut untersuchen. Wir stellten bei dieser Mutung fest, dass wir uns zwar auf einer Wasserader befanden, aber der von mir ermittelte positive Effekt dennoch vorhanden war, und zwar in einem Umkreis von etwa zwanzig Metern. Außerhalb dieser Zone war wieder die Wasserader dominant mit ihrem erfahrungsgemäß weniger guten Einfluss auf den Menschen.

Nun setzten wir natürlich alles daran, um herauszufinden, wodurch diese überraschende Neutralisierung der Wasserader und daraus folgend die Harmonisierung des Raumes zustande kamen.

Wir untersuchten alle möglichen Faktoren. Wir prüften die elektrischen Betten, Fernsteuerungen und elektronischen Anlagen, die normalerweise in einem Krankenzimmer im Einsatz sind. Aber auch durch das Ausschalten dieser Anlagen änderte sich der Effekt nicht. Erst als wir die neuentwickelte *Welle*, die ja wesentlich als Design-Element gedacht war, abmontierten, verlor sich der positive Effekt.

Den wissenschaftlichen Beweis antreten

Man stelle sich folgende Situation vor: Ein Brüderpaar, beide Unternehmer, Anfang fünfzig, viele Jahre lang im Beruf ein erfolgreiches Team, und dann beschließt der eine von einem Tag auf den anderen, sein Geschäft an die Kinder zu übergeben und ein der Natur gehorchender Bauer zu werden. Der andere Bruder behauptet plötzlich, ein Instrument zur Harmonisierung von Erdstrahlen *er*funden oder besser *ge*funden zu haben und will für dessen Erforschung und Vermarktung ein Unternehmen gründen. Sogenannte gute Ratschläge von sogenannten guten Freunden, ich solle doch lieber mal einen langen Urlaub machen, waren bei weitem die freundlichsten Reaktionen, die ich erhielt.

Aber die Aussicht, weiter im Innenausbau zu arbeiten, machte mir nach all den Jahren nicht mehr genug Freude und bedeutete keine Herausforderung mehr. Die Alternative war, wissenschaftlich zu beweisen, dass meine *Welle* wirklich funktionierte. Da ich mich mein ganzes Leben lang auf mein Bauchgefühl verlassen hatte und damals intuitiv wusste, dass ich auf dem richtigen Weg war, entschied ich mich dafür, den Beweis zu liefern.

Ich begann mit einem Team – unter der aktiven Mithilfe des Wiener Krankenanstaltenverbundes und später der Salzburger Landeskrankenanstalten, des Magistrats Salzburg und des österreichischen, deutschen und schweizerischen Verbandes für Krankenhaustechniker – eine wissenschaftliche Studie zu erarbeiten. Die Messungen wurden ausschließlich auf uns bekannten, von Wasseradern hervorgerufenen Störfeldern durchgeführt. Voraussetzung für die Studie waren die guten Ergebnisse von inzwischen dreihundert *Wellen*, die sowohl in öffentlichen als auch in privaten Gebäuden im Einsatz waren.

Die Arbeit gestaltete sich nicht so einfach, da zu jener Zeit sowohl der Einsatz von Wünschelruten als auch Hinweise auf die Existenz von Störzonen, die den Menschen belasten, noch allgemein belächelt wurden. Meine damalige Argumentation, dass wir uns mit einem sehr alten Wissen beschäftigen würden, das lediglich in den letzten Jahrhunderten verschüttet worden sei, half nicht wirklich. Man musste damals in der Tat sehr couragiert sein, um bei dieser Studie mitzumachen. Ich steckte jedoch unverdrossen viel Herzblut, Zeit und Geld in „meine" *Welle* und kämpfte an vielen Fronten zugleich.

Schließlich gelang es mittels einer sogenannten Doppelblindstudie, die Wirkung der *Welle* zu beweisen. Die auf diesem Gebiet größte europäische Zeitung publizierte unsere Studie *peer-reviewed*, also nach einer Begutachtung durch unabhängige Experten.[1]

---

1 Gerhard W. Hacker/Elisabeth Pawlak/Gernot Pauser/Gottfried Tichy/Her-

Für diese Studie hatten wir uns einen großen Raum, der eine durch Wasser bedingte Störzone und eine neutrale Zone aufwies, gesucht. Dann testeten wir in Tausenden von Einzelmessungen, die von Fachleuten durchgeführt wurden, wie verschiedene Personen aller Altersgruppen jeweils auf diese beiden Zonen reagierten. Gemessen wurden unter anderem Stressauswirkungen auf den Körper, wenn die Person längere Zeit auf dem negativen Platz verweilte. Das Ganze wurde anschließend mit und ohne *Welle* wiederholt. Dabei wussten – wie bei Doppelblindstudien üblich – weder die Versuchspersonen noch die Untersuchenden, ob und wann eine *Welle* installiert war.

Diese Studie lieferte uns die wissenschaftliche Bestätigung, dass die *Welle* funktionierte und eine wohltuende, harmonisierende Wirkung auf den Menschen ausübte. Ein großer Durchbruch war geschafft! Wir begannen nun, die *Welle* mit Erfolg überall einzusetzen. Mir selbst war klar geworden, dass die *Welle* den Körper der Versuchspersonen in positive Resonanz brachte. Obwohl ich früher immer geschmunzelt hatte, wenn mein alter Lehrmeister Professor Baldur Preiml vom „Bruder Baum" sprach, weiß ich inzwischen, dass alles mit allem in Resonanz steht.

---

mann Jell/Gabriele Posch/Günther Kraibacher/Alfred Aigner/Jörg Hutter, *Biomedical Evidence of Influence of Geopathic Zones on the Human Body*, in: Forschende Komplementärmedizin und klassische Naturheilkunde, Bd. 12. 2005, S. 315-327.

Einen alten Traum verwirklichen

Mein eigentliches großes Ziel verlor ich in jener Zeit nicht aus den Augen. Noch immer träumte ich davon, das Spezielle eines Kraftplatzes „mitzunehmen" und an einen anderen Ort zu transportieren, wo es gebraucht wurde.

Ich war von dem Gedanken beseelt, dass alles um uns herum Schwingung ist. Wenn es gelänge, die positiven Schwingungen, die ich auf meinen vielen Reisen gesammelt hatte, mit Menschen an einem anderen Ort in Resonanz zu bringen, wäre ein weiterer entscheidender Schritt getan, um nicht nur Negatives zu harmonisieren, sondern auch aktiv positive Energie zu übertragen.

Ich wollte damit auch versuchen, bei Menschen eine positive Einstellung zur Natur und zu deren Kraftfeldern zu wecken und eine entsprechende Resonanzfähigkeit zu erreichen, die ich selbst so oft bei Naturvölkern beobachtet hatte. Diese Menschen, die sich der großen Selbstheilungskraft des Organismus noch bewusst sind, wandern nicht selten zu Kraftorten, um dort ihren Körper zu unterstützen, um wieder gesund zu werden.

Ich begann, mit den auf meinen Reisen gesammelten Proben zu arbeiten, in denen die Schwingungen der Kraftorte enthalten waren. Ich umgab diese Proben mit einem resonanzstarken Magnetfeld, um die positive Schwingung des Kraftortes mit der Schwingung vor Ort zu verbinden und in Resonanz zu bringen. Dazu verwendete ich zwei von mir eigens dafür entwickelte Magnet-Resonanz-Chips.

In jeder *Welle* stecken jetzt zwei solcher Chips. Damit werden mit der *Welle* nicht nur negativ wirkende Wasseradern harmonisiert, sondern auch noch positive Schwingungen verbreitet. Man muss es sich so vorstellen, dass die erste *Welle* einem Schwarz-Weiß-Fernseher mit nur einem Programm glich. Im Zuge der weiteren Forschung gelang es uns, einen „Farbfernseher" herzustellen, der sogar eine Vielzahl von Satellitenprogrammen aus aller Welt auszustrahlen vermochte. Das war und ist die Weiterentwicklung der *Welle*, die sich inzwischen größter Beliebtheit erfreut. Wir zählen heute weit über zwanzigtausend zufriedene Benutzer.

Nach und nach kam mir eine Fülle weiterer Ideen, wie diese Schwingungsinformationen im täglichen Leben angewendet werden können. Mittlerweile gehe ich sehr strukturiert vor, um alle diese Vorhaben auch tatsächlich verwirklichen zu können. Eines meiner neuen Projekte ist der „*Energieschuh*". Hierbei werden die positiven Eigenschaften von Kraftplätzen mittels eigens dafür entwickelter Resonanz-Chips in die Schuhsohle eingebaut. Die Schwingungen der Chips treten dabei mit den verschiedenen Akupunkturpunkten des Fußes in Resonanz. Die Schwingungsinformation, die wir hierbei verwenden, ist natürlich exakt auf diese Körperzone abgestimmt. Während der fast zweijährigen Entwicklungsphase verzeichneten wir hochinteressante und positive Ergebnisse, vor allem durch eine wissenschaftliche Studie zum *Energieschuh* am Salzburger St. Johanns-Spital.

Dasselbe System benutzten wir für die Entwicklung eines *Energiestuhls*, bei dem der Chip in die Sitzfläche eingebaut ist. Mein neuestes Projekt ist inzwischen ein Parkettboden, der das gesamte Zuhause in einen Kraftplatz verwandeln kann. Außerdem arbeite ich an Kosmetika mit Energieinformationen. Eine Wasseraufbereitungsanlage, die für energetisch klimatisierte Decken geeignet ist, befindet sich im Versuchsstadium. Weitere spannende Projekte liegen vor uns.

Von den Menschen, die mir damals zu einem Erholungsurlaub rieten, haben die meisten längst umgedacht. Manche von ihnen arbeiten inzwischen sogar mit großer Freude in meinem Team mit. Mittlerweile weiß ich, dass es sehr wichtig ist, im Umkreis auch Menschen zu haben, die durch ihre Kritik die Arbeit befruchten. Außerdem freue ich mich natürlich über jede Nachricht von glücklichen Anwendern meiner Ideen. Ebenso danke ich all jenen, die meine Ideen und Produkte erfolgreich am Markt umsetzen und mit ihrem Wissen und ihrem Einsatz vielen Menschen den Nutzen meiner Erkenntnisse zugänglich machen.

2

Meine Begegnung mit Ruediger Dahlke

Ich habe bereits von der Zäsur durch den Rückzug meines Bruders aus unserer alten Firma erzählt. Für meine damalige Neuorientierung und persönliche wie berufliche Weiterentwicklung ist jedoch noch etwas anderes wichtig gewesen.

Im Alter von etwa vierzig Jahren durchlebte ich trotz meines geschäftlichen Erfolges eine Krise. Ich fühlte mich sehr unglücklich, und diese Situation belastete mich stark. Mein damaliger Arzt gab mir aber zu verstehen, dass ich nicht krank sei und weder Medikamente noch eine Kur benötige. Ich solle vielmehr auf meine innere Stimme hören, in die Natur gehen und wenn möglich Wasserfälle aufsuchen. Der richtige Weg werde sich über kurz oder lang zeigen, und ich könne sicher sein, ihn dann zu erkennen. Außerdem riet er mir, das Buch *Krankheit als Weg*[2] zu lesen und darüber nachzudenken.

---
2   Thorwald Dethlefsen/Ruediger Dahlke, Krankheit als Weg, Goldmann, München 1983.

Zu jener Zeit wusste ich mit seinen Worten nicht viel anzufangen, aber es war ein Samenkorn gesetzt, das sich langsam entwickeln und mein Bewusstsein verändern sollte.

Einige Tage nach dem Arzttermin erzählte mir ein Steuerberater, nur etwas älter als ich, er habe vor einem Jahr ebenfalls wenig Sinn in seinem Leben gesehen und dann bei einem Professor Preiml eine Veranstaltung besucht. Seitdem gehe es ihm wieder gut. Auch er erwähnte das Buch *Krankheit als Weg*.

Umgehend meldete ich mich bei Professor Preiml zu einem Kurs mit dem Thema „Körper, Seele, Geist" an und las dann auch jenes mehrfach empfohlene Buch *Krankheit als Weg*. Es wurde für mich zu einer Art Bibel, und zwar zusammen mit so unterschiedlichen Werken wie *Siddhartha* von Hermann Hesse und *Krebs, Leukämie und andere scheinbar unheilbare Krankheiten mit natürlichen Mitteln heilen* von Rudolf Breuß.

Ich besuchte daraufhin viele Jahre lang Kurse zur ganzheitlichen Thematik und spürte, wie sich langsam bei mir etwas veränderte. Während eines Kurses am Weißensee, als ich in mir wieder ein Gefühl der Sinnlosigkeit entdeckte, fragte ich Professor Preiml, was er denn mache, wenn er auf seiner Suche weiterkommen wolle. Er erzählte mir von seinen Erfahrungen im Rahmen der Veranstaltungen von Dr. Dahlke, die ich auch einmal besuchen solle.

Da ich mittlerweile schon mehrere Bücher von Ruediger Dahlke gelesen hatte und mich sein Buch *Krankheit als*

Sprache der Seele sehr beschäftigte, eine Weiterführung von *Krankheit als Weg*, lag dieser nächste Schritt für mich nahe. Ein Vortrag von Dr. Dahlke in Salzburg überzeugte mich davon, eine neue Richtung einzuschlagen. Ich sprach ihn an diesem Abend gleich an und fragte ihn, was ich tun könne. Er riet mir zu einem Fastenkurs auf der leichteren Ebene. Ich entschied mich jedoch für sein intensives Fastenseminar „Schweigen, Fasten, Meditieren". Das anspruchsvolle Programm fiel mir zwar nicht leicht, aber das Seminar war für mich wie ein Traum. Ich erinnere mich nur noch daran, wie glücklich ich war, dies alles zu erleben.

Nach dieser tiefen Erfahrung schien ich wie neugeboren zu sein. Ich fühlte mich so wohl wie eine Forelle in einem Gebirgsbach, war voller Sicherheit und Glücksgefühle. Ich wusste, dass mir die ganze Welt offenstand, dass ich alles schaffen konnte und vor nichts Angst haben musste. Nichts könnte mich mehr erschüttern. Mein Leben hatte eine noch nicht gekannte Qualität gewonnen. Ich war glücklich und wusste: Das Leben ist schön.

Ich erkannte auch, dass der Sinn des Lebens für mich in der Stille lag, im Schweigen, in der Natur und im Fasten auf allen Gebieten. Ich erlebte, dass man sehr wenig benötigt, um wirklich glücklich zu sein. Zwar liebe und suche ich noch immer den Erfolg, aber vielleicht gibt es auch hier eine Veränderung – obwohl ich das zurzeit noch nicht so gern zugeben möchte.

Mit meinem Selbstvertrauen und der Sicherheit, die ich gewonnen hatte, waren die Teilnahme am schwedischen Wasalauf, ein Skilanglauf über die Distanz von neunzig Kilometern, sowie Reisen durch Tibet oder zu heiligen (heilenden) Plätzen, wie dem Kailash, dem Berg Moses und vielen anderen auf der Welt, für mich eine reine Freude.

Aus dieser Freude und Sicherheit entwickelte sich auch, wie schon beschrieben, die *Welle*. Gegenüber meinen Kunden – Unternehmern, Architekten, Ärzten oder Politikern – nahm ich kein Blatt mehr vor den Mund. Ich erklärte ihnen einfach, dass es so etwas wie Kraftplätze und Störfelder gibt, und ich berichtete von meinen Erlebnissen, wie Menschen damit umgingen und wie sie darauf reagierten. Es war mir von diesem Zeitpunkt an gleichgültig, ob sie es verstehen wollten oder nicht, ob sie mich verwünschten oder auslachten (hinter meinem Rücken natürlich). Ich war überzeugt, dass auch skeptisch oder ablehnend reagierende Menschen die Zusammenhänge einmal verstehen würden, obwohl die entsprechenden Themen bislang weder in der Schule noch in der Universität auf dem Lehrplan stehen.

Sich auf ein Jahrtausende altes Erfahrungswissen einzulassen, setzt in manchen Kreisen viel Mut voraus. Trotz anfangs teilweiser großer Ablehnung führte ich immer wieder Kraftplätze oder Störfelder und deren Wirkung auf den Menschen vor. Es kamen inzwischen immer mehr Messgeräte auf den Markt und zur Anwendung – und auch wissenschaftliche Nachweise gelangen. Schließlich wurde die *Welle* durch den sogenannten Zufall – eigentlich durch eine Veränderung des Bewusstseinsfeldes – von selbst geboren. Jedes Jahr haben wir seitdem neue Erfahrungen gewonnen und dadurch einschneidende Verbesserungen erreichen können.

Ich widme jetzt jedes Jahr mindestens eine Woche dem Fasten, Schweigen und Meditieren unter Anleitung von Dr. Dahlke. Ich lausche dann darauf, ob etwas von innen zu mir spricht, ob ich vielleicht mehr verstehen kann. Ich nehme die mir im Seminar vermittelten neuen Erkenntnisse auf. Das alles sind Dinge, die mir gut tun und die für mich wie ein Jungbrunnen sind. Mittlerweile sind Ruediger Dahlke und ich Freunde geworden, worauf ich sehr stolz bin.

Nun bin ich über siebzig Jahre alt, und ich weiß, dass das Fasten und Schweigen, die Natur und die Menschen, mit denen ich in Resonanz sein kann, mich kreativ und glücklich machen. Aber ich habe zweifelsfrei aktiv versucht, mich zu ändern und dazuzulernen.

# 3

Die Welle – angewandtes Erfahrungswissen im modernen Kontext

Blicken wir einmal zurück auf die Heilkunde vor einhundert oder zweihundert Jahren. Alles war empirisch. Man wusste aus langjähriger Erfahrung, dass ein bestimmtes Kraut bei Fieber oder ein bestimmter Umschlag bei Schwellungen hilft, und zwar ohne Laborbefunde und Röntgenapparate. Vieles tat man einfach, weil es die Mütter und Großmütter auch taten und es im Allgemeinen funktionierte. Doch wie viel davon haben wir in unserem einseitigen Fortschrittsdenken verlernt!

Heute rufen wir uns mühsam das alte Wissen ins Bewusstsein zurück und erobern uns dafür neue Anwendungsgebiete. Unterstützung bekommen wir dabei durch den Schatz an Erfahrungswissen anderer Kulturen, der uns heute leichter zugänglich ist, und durch moderne Forschungszweige, vor allem im Bereich der Physik, die eine ganzheitliche Weltsicht eher stützen als unterminieren.

Viel zu lernen und zu erforschen gibt es vor allem zum Thema Energiefelder und Störzonen, denn sie beeinflussen unser Wohlbefinden ganz unmittelbar. Doch es setzt unter anderem voraus, dass wir uns mit der sogenannten feinstofflichen Anatomie des Menschen vertraut machen und moderne Erkenntnisse auch zur Zellstruktur einbeziehen.

Meridiane – die Energieleitbahnen

Unter Meridianen versteht man in der Traditionellen Chinesischen Medizin (TCM) feinstoffliche, mit dem bloßen Auge nicht sichtbare Kanäle, durch die Lebensenergie fließt. Diese Lebensenergie nennt man Qi. Die Lehre über Verlauf und Wirkung der Meridiane sowie über die Bedeutung spezieller Stellen auf diesen Leitbahnen, die man als Akupunkturpunkte bezeichnet, beruht auf einem jahrhundertealten Erfahrungswissen.

Viele westliche Patienten unterziehen sich heute mit Erfolg einer Behandlung mit Akupunkturnadeln, obwohl mit den Untersuchungsgeräten, die in der Schulmedizin eingesetzt werden, weder Meridiane noch Akupunkturpunkte nachzuweisen sind. Mag ein Chirurg auch noch so tief in eine Körperstelle, der bestimmte Meridiane und Akupunkturpunkte zugeordnet werden, hineinschneiden – er wird dort keine entsprechende physische Struktur finden. Auf diese Weise lässt sich nicht verstehen, was es mit den Meridianen auf sich hat.

Offenbar gibt es etwas in unserem Körper, das wir zwar nicht mit gebräuchlichen Methoden sehen und messen können, das aber trotzdem wirksam ist. Der einzige moderne, bereits mehrmals wiederholte naturwissenschaftliche Test, der den Verlauf der Meridiane auf seine Art beweist, wurde mit Hilfe radioaktiver Stoffe unternommen. Dafür spritzt man dem Probanden ein radioaktives Isotop unter die Haut (es hört sich gefährlicher an, als es ist), worauf etwas Eigenartiges geschieht. Dieser Stoff gelangt nicht etwa in die Blut- oder Lymphbahn, wie man erwarten sollte, sondern breitet sich genau entlang der Meridiane über den Körper aus. Zumindest dieser „Nachweis" sollte die großen Zweifler, die immer etwas schulmedizinisch bewiesen oder wissenschaftlich gemessen haben wollen, ein wenig nachdenklich machen.

Für mich galt schon immer folgende Aussage: Nur weil man nicht wissenschaftlich feststellen kann, ob etwas da ist oder nicht, heißt dies noch lange nicht, dass es etwas gibt oder nicht gibt. Vielleicht können wir es mit unseren vorhandenen Messgeräten *noch* nicht messen.

Wenn wir etwa auf die letzten zweihundert Jahre zurückblicken, blieben früher viele Phänomene im Verborgenen, die jetzt im Licht des Bewusstseins erforscht werden. So haben verschiedene moderne wissenschaftliche Studien Folgendes nachgewiesen:

- Es gibt keinen elektrischen Fluss ohne das gleichzeitige Auftreten von magnetischen Feldern.

- Der elektrisch messbare Hautwiderstand ist an den Akupunkturpunkten und entlang der Meridiane geringer als an indifferenten Stellen.

- Der gesamte Hautwiderstand verändert sich, sobald sich die Person in einer geopathogenen Zone aufhält.

Allein anhand dieser drei Erkenntnisse können wir davon ausgehen, dass Störzonen Einfluss auf das Meridiansystem haben und in diesen Störzonen etwas mit unserem Körper passiert.

Körpereigene Antennen in Form von Magnetitkristallen

Bemerkenswert ist auch die Forschungsarbeit von Professor Joseph Kirschvink vom Californian Institute of Technology (CalTech). Dazu eine kleine technische Vorbemerkung: Unter einer Antenne versteht man ein bipolares Instrument, also einen elektrisch ausgerichteten Fühler, der auf der einen Seite positiv und auf der anderen negativ polarisiert ist. Die Antenne reagiert empfindlich auf alle Arten von magnetischen Feldern. Ein einfaches Beispiel ist ein Kompass. Vor nicht allzu langer Zeit wurden unglaublich große Mengen solcher winzig kleiner polarisierter Antennen im Gehirn gefunden, genauer gesagt in der äußeren Gewebeschicht des Groß- und Kleinhirns, und zwar in Gestalt von Magnetitkristallen. Allein pro Gramm Hirnmasse sind es etwa fünf Millionen dieser hochsensiblen Antennen. Eine Ausnahme bilden die beiden Hirnhäute, die das Hirn schützend umgeben. Zwischen diesen beiden Schutzhäuten befindet sich allerdings das Hirnwasser mit sogar einhundert Millionen der Miniantennen pro Gramm.

Die Magnetitkristalle finden sich immer in Gruppen oder Einheiten von fünfzig bis hundert Zellen und antworten höchst sensibel auf die geringsten Schwankungen in elektrischen beziehungsweise magnetischen Feldern. Die Magnetite in der Hirnsubstanz sind sogar mehr als eine Million Mal sensibler als normale Bi-Magnete. Sie reagieren um ein Vielfaches empfindlicher als der beste technische Kompass.

Wale und Brieftauben verfügen zum Beispiel auch über diese Antennen; sie dienen ihnen als Navigationssystem. Wir Menschen benutzen dieses Instrumentarium in gewisser Weise ebenso, andernfalls wäre dieser Bereich im Zuge evolutionärer Prozesse schon weitgehend degeneriert oder gar nicht mehr nachweisbar.

Elektronenmikroskopische Aufnahmen solcher Zellen im menschlichen Gehirn zeigen, dass sie aufgebaut sind wie eine gleichseitige Pyramide mit quadratischer Grundfläche. Aktuelle Forschungsergebnisse sprechen in diesem Zusammenhang auch von elektromagnetischen Reizen im Körper, die zur Neubildung von Stammzellen führen. In diesen Stammzellen sind die körpereigenen Selbstheilungskräfte und Reparaturmechanismen verankert. Da ihnen keine spezifischen Funktionen zugeordnet sind, können Stammzellen vom Körper eigens programmiert werden, um Spezialaufgaben zu erfüllen.

Interessant ist, dass bereits im frühen Mittelalter eine bemerkenswerte Frau – Hildegard von Bingen – die Resonanzwirkung verschiedener Steine und Farben auf den

Menschen beschrieben hat. Sie erklärte, dass Magnetitkristalle, die ja auch in der freien Natur vorkommen, gut auf den Körper wirken und mit Sicherheit den körperlichen Energiefluss anregen. In ihren Aufzeichnungen finden wir den Hinweis, dass dieser Kristall zur Entspannung und Gewinnung von Harmonie und Wärme diene.

4

Mit Schwingung und Resonanz umgehen

Wenn man Rückschlüsse aus den erwähnten Forschungsergebnissen zieht, wird deutlich, wie stark wir von elektrischen und magnetischen Feldern beeinflusst werden und inwiefern die Meridiane so etwas wie die versteckten Energiekabel im Körper sind. Obwohl uns diese Phänomene noch viele Rätsel aufgeben, konnte nach weit über einhunderttausend Einzelmessungen mit Testpersonen an unserem Kirlian-Gerät (mit dessen Hilfe sichtbar gemacht werden kann, wie es um den körpereigenen Energiefluss bestellt ist) der Beweis erbracht werden, wie sehr die *Welle* die Harmonisierung von Störplätzen ermöglicht und wie sich dies direkt auf den Körper auswirkt.

Bei der spezifischen Sensibilität unseres Gehirns, zumal es hier auch noch den erwähnten Zusammenhang mit den Selbstheilungskräften gibt, spielt es also eine große Rolle, wie wir täglich leben, wo wir wohnen und schlafen. Wenn wir außerdem noch in Betracht ziehen, welche Auswirkungen eine Störzone auf unseren Körper und seine Organe hat, dann ist es wirklich an der Zeit, unser Umfeld einer intensiven Prüfung zu unterziehen. Unser Körper weiß eigentlich sehr genau, was das Beste für ihn ist. Wir müssen nur endlich aufhören, ihn ständig daran zu hindern, das für ihn Optimale zu bekommen – und uns zu diesem Zweck mit dem Phänomen *Resonanz* mehr vertraut machen.

Heraklit, ein großer Denker im alten Griechenland, kann uns auf die richtige Spur bringen. Mit seinem Wahlspruch „*Panta rhei*" („Alles fließt") wollte er zum Ausdruck bringen, dass sich die Bedingungen unserer Umgebung ständig wandeln. In einem Fluss stehend, würde sich zwar der Umstand, dass man von Wasser umgeben sei und nass werde, als solcher nicht ändern, erklärte er; aber man sei ununterbrochen von neu herbeifließendem Wasser umspült. Würde Heraklit in der heutigen Zeit leben, hätte er wohl statt „Alles fließt" eher „Alles schwingt" gesagt.

Heute stehen uns vielfältige technische Möglichkeiten zur Verfügung, um die Phänomene um uns herum darzustellen oder zu messen. Doch nur einen winzig kleinen Teil dieser Schwingungen können wir mit unseren Sinnen wahrnehmen. Es sind dies vor allem die für uns sichtbaren Lichtstrahlen, Schallwellen in den für uns hörbaren Bereichen und Wärmestrahlen.

Es ist auch gut so, dass uns die große Mehrzahl von Schwingungen nicht bewusst wird, denn die Wellen, die uns umgeben, würden uns in ihrer Gesamtheit völlig überfordern. Man denke nur an die vom Menschen künstlich erzeugten Schwingungen im Bereich Radio-, Fernseh- oder Mobilfunkempfang, dazu an die Schwingungen von Fernsteuerungen, Netzwerken und so weiter. Nicht zu vergessen all die kosmischen Schwingungen sowie die natürlichen Schwingungen der Substanzen um uns herum – es schwingt eben alles, und wir können damit in Resonanz treten.

Mit Resonanz wird die Reaktion eines Organismus oder eines Teils des Organismus auf eine dieser verschiedenartigen Schwingungen bezeichnet. Mit anderen Worten: Es tut sich etwas, oder es tut sich nichts. Für mich lässt sich Resonanz an einfachen Beispielen darstellen:

- Die Blüte der Sonnenblume folgt dem Lauf der Sonne.
- Die Akupunktur übt einen Reiz aus, der sogar schwere Operationen ohne Narkose zulässt.
- Die Musik weckt Gefühle wie Freude, Trauer oder Zorn.
- Mit tiefen Gebeten, Meditation oder Yoga kann man die Selbstheilung anregen und die positiven Kräfte, die in uns sind, walten lassen.
- Farbe bringt – je nach Tönung – Lebenslust, Glück, Aggressionen oder Schwermut ins Leben.

Vor einigen Jahren machten wir Messungen bei den Krimmler Wasserfällen, wo schon im frühen 19. Jahrhundert ein Salzburger Arzt eine Heilwirkung festgestellt hatte. Die extrem hohe Ionenkonzentration in der Nähe der Wasserfälle half bei Depressionen und Lungenkrankheiten. Tatsächlich geht der Körper mit dieser Ionisierung in Resonanz.

Manche Organismen oder Organe reagieren auf bestimmte Schwingungen oder haben dafür „keine Antenne". Es gibt sogar schon speziell entwickelte Tabellen, die zeigen, welches Organ auf welche Frequenz besonders reagiert. Das heißt auch, dass jeder Teil von uns im positiven wie im negativen Sinn ganz empfindlich auf eine bestimmte Frequenz antwortet. Anders gesagt: Resonanz kann positiv oder negativ wirken. Eine der positiven Wirkungen von Resonanz ist Harmonie – zum Beispiel zwischen Menschen. Damit ist auch unsere Weiterentwicklung gewährleistet.

Sobald wir ein Organ oder eine bestimmte Körperzone einer Schwingung aussetzen, die uns nicht gut tut, versucht der Körper zuerst, diesen Reiz zu kompensieren, und er erhöht die Abwehrkraft. Wenn man beispielsweise in einem Hotelzimmer mit einer Störzone für ein oder zwei Nächte schläft, ist das nicht weiter schlimm. Damit kommt der Körper allein zurecht. Auf Dauer wird der Körper mit einer Störzone jedoch nicht fertig. Es kommt irgendwann zu einer Phase der Erschöpfung der Abwehrkräfte und im Anschluss zu Krankheitssymptomen.

Dieses Wissen über Resonanz ist alt, was sich an vielen Beispielen dokumentieren lässt. Man denke nur an alte Bauernhöfe. Jeder, der es sich leisten konnte, hatte auch eine Zirbenstube. In vielen alten Schlössern findet man Zirbendecken. Vor nicht allzu langer Zeit hat man an verschiedenen Universitäten nachgewiesen, dass der menschliche Körper im Umfeld von Zirbenholz besser „funktioniert". Gemessen wurden dabei die geringere Pulsfrequenz (das Herz muss weniger arbeiten), eine verbesserte Atmung, geruhsamer Schlaf und einige andere positive Aspekte mehr.

Offenbar wussten unsere Vorfahren auch ohne wissenschaftliche Studien oder medizinische Experimente sehr genau, was bekömmlich war und was nicht. Vor vier- oder fünfhundert Jahren war auch die Bestimmung des Bauplatzes kein großes Problem. Man ging sehr sensibel und im Einklang mit den natürlichen Gegebenheiten vor: Störzonen wurden weitgehend gemieden. Messungen an alten Kirchen und Kultstätten, aber auch geringe Befunde auf der Suche nach Störzonen bei alten Gutshöfen und Schlössern beweisen es. Nicht, dass es in dem Gebiet keine Störzonen gäbe – die Häuser wurden nur einfach nicht darauf gebaut.

In der heutigen Zeit ist es viel schwieriger, darauf zu achten, wo und wie gebaut wird, und einen guten Platz zu finden. Man kann ja dem Immobilienmakler nicht sagen, er solle die 3-Zimmer-Wohnung ein paar Meter nach Osten versetzen. Zum Glück haben wir jetzt wenigstens die *Welle*, um ausgleichen zu können.

Wenn man sich mit Resonanz beschäftigt und weiß, wie sie funktioniert, kann man sich ihrer auch manipulierend bedienen, ein heikles Thema. Achten Sie einmal bewusst darauf, wie bestimmte Farben, Düfte oder Töne auf Sie persönlich wirken, wie Sie sich selbst dabei fühlen und zu welchen Reaktionen Sie dadurch angeregt werden.

Auch mit Infraschall können Sie über den Weg der Resonanz manipulieren. Gemeint sind Schallwellen, die vom Menschen zwar nicht bewusst wahrgenommen werden, die aber eine starke Wirkung auf den Organismus ausüben. Dieses Phänomen wurde schon von den alten Römern mittels Kriegstrommeln genutzt. Die Trommeln waren beim Vormarsch ganz vorn in der ersten Reihe platziert und flößten dem Gegner nicht nur durch ihre Lautstärke, sondern auch indirekt durch den miterzeugten Infraschall Angst ein.

Falls Sie in aller Ruhe auf einer Parkbank sitzen und jemand hinter ihnen richtete solche unhörbaren Schallwellen auf Sie, würden Ihr Blutdruck und Ihre Pulsfrequenz ansteigen. Selbst wenn Sie nichts von der Attacke wüssten, würde Ihr Körper Stresshormone freisetzen – und ein Gefühl der Angst würde in Ihnen aufsteigen. Keine angenehme Situation. Wenn derjenige, der die Schallwellen auf Sie richtet, nun etwas von Ihnen mit Nachdruck verlangen würde, wären Sie aufgrund Ihres angstvollen Zustandes vergleichsweise willensschwach.

Wussten Sie, dass alte Kirchenorgeln eine bestimmte Orgelpfeife haben, die man Devotionalpfeife nannte? Unter *devot* versteht man übrigens das Gegenteil von *dominant*. Kurz vor dem priesterlichen Aufruf zur Geldspende wurde diese Taste gedrückt, damit auch genug Ehrfurcht im wahrsten Sinne des Wortes entstand.

Doch Infraschall ist als Warnsignal auch lebensrettend. Der durch eine Flutwelle ausgelöste Infraschall kann beispielsweise von Elefanten problemlos gehört werden. So ist kein einziger Elefant bei dem schrecklichen Tsunami vor einigen Jahren ertrunken. Die Elefanten vernahmen den Schall, bevor die Wassermassen das Land erreichten, und brachten sich in Sicherheit.

Aufsehenerregende Experimente

Wie sehr sich unsere ganze biologische Umgebung in Resonanz befindet, möchte ich mit zwei Beispielen illustrieren.

Vor einigen Jahrzehnten hat man in den USA den Lügendetektor erfunden. Es war festgestellt worden, dass sich der elektrische Hautwiderstand ändert, wenn man etwas sagt, das man nicht wirklich meint. Ein neugieriger Biologe dachte sich, man könnte damit auch einmal etwas ganz anderes messen, zum Beispiel wie lange es dauert, bis Wasser in die Blätter gelangt, wenn die Büropflanze gegossen wird. Er schloss deshalb den Lügendetektor an seine Zimmerpflanze an und begann zu gießen. Plötzlich kam jedoch jemand zur Tür herein und konfrontierte den Biologen mit einigen sehr unangenehmen Themen. Als er wieder fort war, sah der Wissenschaftler am Detektor, dass die Pflanze reagiert hatte. Er dachte sich, dass das Gießwasser die Ursache war. Als wenig später jener Besucher wieder in das Zimmer zurückkam und der Detektor erneut ausschlug, fragte sich der Biologe, wie so etwas möglich sei. Er begann nun systematische Tests mit verschiedenen Besuchern, wobei er einige bat, bewusst unhöflich und laut ins Büro hereinzukommen. Die Pflanze reagierte jedes Mal, wenn eine solche Störung auftrat.

Jener experimentierfreudige Biologe ging noch einen Schritt weiter. Er besorgte sich Flusskrebse, eine elektrische Herdplatte und einen Topf mit Wasser. Das Wasser wurde zum Sieden gebracht, und die Zimmerpflanze war wieder an den Lügendetektor angeschlossen. Jetzt nahm er einen lebenden Flusskrebs und warf ihn ins kochende Wasser, eine grausame Praxis in vielen Restaurantküchen. Der Lügendetektor schlug sofort wild aus. Er wiederholte den Test, und wieder war ein starker Ausschlag zu verzeichnen. Dann warf er einen schon toten Krebs in den Topf – und es passierte nichts.

Ist es der Pflanze möglich gewesen, mit den lebenden Organismen um sie herum in Resonanz zu treten? Wie erklärt man sich sonst die vom Lügendetektor aufgezeichnete Reaktion, wenn der unangenehme Kollege hereinpolterte, oder den starken Ausschlag beim Töten eines Krebses?

Ich selbst habe mir schon oft gedacht, dass es mit Pflanzen etwas Besonderes auf sich hat. Jeder von uns kennt Menschen mit einem *grünen Daumen*. Vielleicht gelingt es ihnen ja, mit den Pflanzen in Resonanz zu treten. Ich finde diesen Umstand jedenfalls verblüffend.

Nun zum zweiten Beispiel: Wie der große Konrad Lorenz es so schön erforscht und beschrieben hat, halten Gänseküken das Wesen für ihre Mutter, das sie gleich nach dem Schlüpfen sehen. Wer kennt nicht die herrlichen Bilder, die zeigen, wie Professor Lorenz im Garten spaziert oder im Teich schwimmt und die jungen Gänse ihm immer dicht auf den Fersen sind. Jetzt hat ein Forscher versucht, Küken auf einen Mähroboter zu konditionieren. Gemeint sind jene Wunderdinger, die man im Garten aussetzt und die dann selbstständig den Rasen trimmen. Aus Sicherheitsgründen hatte man im weiteren Versuchsverlauf die Gänseküken in ein kleines Gehege gegeben, damit der automatische Rasenmäher kein Unheil anrichten konnte. Die Küken befanden sich innerhalb ihrer Umzäunung und konnten ihre „Mama" beobachten, wie sie den Rasen stutzte.

Ein solcher Roboter ist so programmiert, dass er im Zufallsprinzip durch den Garten fährt und Hindernissen ausweicht. Durch die Präsenz der Küken änderte sich jedoch das Fahrverhalten des Mähers. Erstaunlicherweise hielt er sich nun viel häufiger in der Nähe der Tiere auf, als es sein Zufallsprogramm eigentlich erlauben sollte. Das Experiment wurde mehrfach wiederholt – zuerst ohne und dann mit Küken. Das Ergebnis war immer gleich: Der Roboter suchte die Nähe der Küken. Ein faszinierendes Beispiel für Resonanz – finden Sie nicht?

Unerklärliche Phänomene

Ich bin jetzt glücklicherweise in der Situation, dass man meine Arbeit auch international sehr ernst nimmt. Doch neben vielen rational erklärbaren Phänomenen erlebe ich dabei auch manches Verblüffende, das ich meist lieber für mich behalte. Von einigen dieser Begebenheiten möchte ich dennoch erzählen

Vor nicht allzu langer Zeit wurde ich zu einer Messung in eine Kirche im Salzburger Land eingeladen. Ich wusste von guten Freunden, dass es sich um einen besonderen Kraftplatz handelte. Ich zog also mit unseren Messgeräten inklusive Computer aus, um der Kirche und dem Pfarrer einen Besuch abzustatten. Ich baute die Geräte auf, musste jedoch feststellen, dass unser PC in der Kirche nicht zum Laufen zu bringen war. Da ich selbst nicht besonders gewandt mit diesen technischen Segnungen unserer Zeit bin, blieb mir nichts anderes übrig, als mich nach einem netten Gespräch mit dem Geistlichen gleich wieder auf den Heimweg zu machen. Unterwegs rief ich einen Techniker an, der die gleiche technische Ausstattung zu derlei Messungen hat wie ich, und vereinbarte einen Termin. Im Büro angelangt, probierte ich trotzdem noch einmal, das

Gerät zu starten – es funktionierte ohne irgendein Zutun, als wäre nie etwas gewesen.

Nach einigen Tagen kam nun mein Technikerfreund, und wir fuhren wieder zu der Kirche. An der zu messenden Stelle bauten wir unsere Geräte auf und begannen mit der Arbeit. Doch nun fiel plötzlich der Strom aus. Der Pfarrer, der bei unseren Aktivitäten immer anwesend war, rief einen Elektriker, um den Stromausfall beheben zu lassen. Als nach einer Stunde der Strom wieder lief, streikte erneut der Computer. Das Ganze ging so lange hin und her, bis wir nach fünf Versuchen aufgaben.

Plötzlich kam eine Mitarbeiterin des Pfarrers in die Kirche und fragte, was denn los sei. Sie habe im Pfarrhaus ständig die Empfindung, dass sie elektrische Schläge bekomme.

Gemeinsam gingen wir mit unseren Messgeräten in den Garten der Pfarrei, wo eine Heiligenfigur stand. Auch hier geschah wieder etwas Seltsames. Direkt bei der Statue fiel der Computer aus. Zwei Meter entfernt probierten wir es noch einmal, und dort ließ sich der PC wieder starten. Das war der Moment, als uns der Pfarrer bat, mit den Messungen aufzuhören. Er meinte – wohl zu Recht –, dass man nicht alles wissen müsse.

Folgenden unerklärlichen Phänomenen bin ich noch vor Erfindung der *Welle* begegnet: Vor fast dreißig Jahren wollte ich zusammen mit Diplomingenieur Hermann Jell von der Stadtverwaltung Salzburg herausfinden, ob Menschen, an die man konzentriert denkt, plötzlich anrufen.

Wir setzten uns für diesen Versuch an meinem Wohnzimmertisch gegenüber, konzentrierten uns jeweils auf eine Person und warteten, ob ein Anruf käme.

Ich besaß zu jener Zeit eine Stereoanlage mit Radio, Plattenspieler und doppeltem Kassettendeck ohne Fernbedienung. Das Gerät war ausgeschaltet. Nach einer gewissen Zeit der Konzentration schalteten sich, ohne dass wir uns bewegt hatten, alle Geräte bis hin zum Tonbanddeck ein. Dann startete der Bandrücklauf und stoppte abrupt. Es schaltete sich das zweite Deck ein. Das Band lief vor, stoppte und spielte plötzlich eine frühere Aufnahme ab, und zwar mit der Stimme der Person, an die ich gedacht hatte. Mit dieser Person bin ich damals sehr eng verbunden gewesen. Wir schrieben uns keine Briefe, sondern kommunizierten mittels Tonbandaufzeichnungen und Musik. Am Ende dieser Aufnahme schaltete sich die gesamte Anlage wieder aus. Wir waren über dieses Erlebnis sehr erschüttert und beendeten unsere Spielereien mit dem „Übersinnlichen". Danach sahen wir uns fünf Jahre lang nicht mehr.

Szenenwechsel: Wir befanden uns am Meer, auf der Halbinsel Sithonia, westlich vom Berg Athos. Zu einer »Vier-Elemente-Meditation« unter Führung eines Mediziners saßen sechzehn Teilnehmer im Kreis, und in der Mitte brannte ein Lagerfeuer. Es war Frühling, und zu dieser Jahreszeit waren keine Touristen am Strand unterwegs. Aber es streunten viele Hunde in der Nähe herum. In dem Moment, als der Kreis der Konzentration geschlossen wurde, rannten alle Hunde mit gesträubtem Fell fluchtartig davon. Auch dieses Erlebnis zeigte mir wieder einmal, dass es Kräfte gibt, die nicht zu erklären sind.

Aus meiner Arbeit

Ich habe im Zuge meiner Arbeit viel über Resonanz erfahren. So wurde ich vor etlichen Jahren zu einem Bauernhof gerufen. Dort erzählte man mir, dass über drei Generationen hinweg Menschen, die an einem bestimmten Bettplatz geschlafen hatten, an Krebs gestorben waren. Ich ging mit meiner Wünschelrute zuerst rund um das Haus und mutete. Die Störzonen, die ich fand, notierte ich auf der Skizze des Grundrisses. Dann sah ich mir das Schlafzimmer an und fand meinen Verdacht bestätigt. An einem Bettplatz kreuzten sich zwei Störzonen. Dort hatten auch die drei Krebskranken geschlafen. In meinen Augen war dies ein klassischer Fall von negativer Resonanz. Die Betten wurden daraufhin umgestellt.

Bei einem meiner ersten Einsätze sollte ich den ständigen Problemen und der großen Fluktuation in der Telefonzentrale eines Krankenhauses auf den Grund gehen. Ein Freund von mir leitete dort den technischen Bereich. Damals hatte ich noch Scheu, mit meiner Wünschelrute „öffentlich" durch ein Gebäude zu gehen. Wie in einem schlechten Film trafen wir uns deshalb mitten in der Nacht, und tatsächlich konnte ich beim Muten eine massive Störzone feststellen. Da mein Freund bereits alle möglichen Lösungen versucht hatte und selbst nach einer Umstellung der Arbeitsplätze entsprechend der Feng-Shui-Lehre die Probleme blieben, war ihm nun jedes Mittel recht. Wir hängten die *Welle* auf und erzählten den Angestellten nur, es handele sich um Deckenschmuck. Wundersamerweise gab es ab diesem Zeitpunkt fast eine Harmonie-Explosion.

Am Anfang war überhaupt alles sehr schwierig, denn man hatte mir gegenüber Berührungsängste. Ich galt als der Spinner mit dem „Harmoniesegel" an der Decke. Einer meiner treuesten und ältesten Freunde verhalf mir dennoch zu einem Termin bei seinem Chef. Diesem war es aber sichtlich unangenehm, bei dem Gespräch mit mir ertappt zu werden. So stand er plötzlich auf und schloss sein Büro von innen ab. Er erklärte mir, dass ich genau eine Stunde habe, um ihn zu überzeugen. Wenn ich erfolgreich sei, werde er mir weiterhelfen; andernfalls werde er bestreiten, überhaupt je mit mir geredet zu haben. Da wir einige Tage später unsere erste gemeinsame Pressekonferenz abhielten, muss ich nicht weiter über „meine Stunde" berichten.

Nachdem wir verschiedene Studien und Versuche zur Übertragung von Schwingungen durchgeführt hatten, wagten wir ein neues Experiment. Eine berühmte Tiroler Kristallglasfabrik wollte wissen, ob sich Schwingungen auf Glas übertragen lassen. Ich bat um die Zusendung eines halben Sacks Glassand. Die andere Hälfte sollte in der Firma in Tirol bleiben. Ich nahm den mir zugeschickten Sand und teilte die Menge in zwei Hälften, in die ich jeweils unterschiedliche Informationen einspielte. Danach schickte ich alles wieder zurück, und im Firmenlabor wurden mit diesem Material verschiedene Glaswürfel erzeugt, die ich im Anschluss beurteilen sollte. Zum großen Erstaunen der Projektleiter konnte ich ohne einen einzigen Fehler zuordnen, welcher der Glaswürfel eine von mir eingebrachte Schwingung enthielt und welcher nicht. Ich konnte auch messen, um welche der beiden Schwingungen es sich jeweils handelte, obwohl alle Würfel optisch völlig identisch waren.

Wenn es gelingt, Kindern zu helfen, erfüllt es mich immer mit großer Freude. In diesem Zusammenhang wurden wir in eine pädagogische Einrichtung für sozial gefährdete Kinder eingeladen. Gemeinsam mit dem ärztlichen Leiter und dem Direktor des Institutes hängten wir in den Dachböden *Wellen* auf, um die Gebäude energetisch zu harmonisieren. Die Erzieher solcher Einrichtungen sind generell dazu verpflichtet, alle Vorkommnisse genau zu protokollieren. Das machte es für uns einfacher, die Wirkungen unserer *Welle* nachzuweisen. Wir waren sehr glücklich zu hören, dass sich bereits nach wenigen Tagen vieles zum Guten gewendet hatte. Am meisten beeindruckte mich, dass bei den Kindern der Anteil der Bettnässer um mehr als siebzig Prozent zurückgegangen war.

Eines Tages saß ich im Büro eines Bankdirektors, der von der *Welle* gehört hatte und nun die Arbeitsplätze in der Bank verbessern wollte. Ich berichtete ihm von der Wirkungsweise und führte an ihm persönlich den Effekt vor. Im Laufe des Gespräches fanden wir heraus, dass in einer Abteilung der Bank sogar schon seit einiger Zeit eine *Welle* hing. Der Bankdirektor griff daraufhin zum Telefon, führte ein längeres Gespräch und begann zu schmunzeln. Er sagte mir, dass die *Welle* sich in der Abteilung *Private Banking* befinde. Die Umsatzsteigerung von siebzig Prozent führte er natürlich zum Großteil auf seine tüchtigen Mitarbeiter zurück. Dass es seit dem Aufhängen der *Welle* auch vier Schwangerschaften gab, wohl auch.

Ein weiteres Beispiel: Wir hatten einer Firma mehrere Exemplare der *Welle* verkauft, doch man meinte irgendwann, das alles würde nichts bringen. Es gibt ja immer Zweifler, die sich permanent fragen, ob und wie etwas funktioniert. Nach einem Jahr sollte die *Welle* überall wieder abgenommen werden. Doch die Mitarbeiter aus der Personalabteilung hatten sehr wohl den Nutzen erkannt. Sie präsentierten eine interessante interne Studie, aus der hervorging, dass es in jenem Jahr mit aufgehängter *Welle* fünfzig Prozent weniger Ausfälle durch Krankheit gegeben hatte. Die Fluktuation war um siebzig Prozent geringer ausgefallen. Wir reisten daraufhin ohne *Welle* wieder ab; die Exemplare blieben an Ort und Stelle hängen.

Das Internat einer Berufsschule im Land Salzburg optimierte seine Räumlichkeiten mit *Wellen*. Die Erzieher, die aus gesetzlichen Gründen Protokoll über das Geschehen im Internat führen, werteten daraufhin ihre Aufzeichnungen aus. Das Resultat war erstaunlich. Man verzeichnete ein wesentlich verbessertes Nachtruhe-Verhalten, einen starken Rückgang von Vandalismus und einen unglaublich hohen Anstieg der Kommunikationsstunden mit den Lehrern. Viele Schüler wollten jetzt plötzlich mit ihren Erziehern reden.

Ein Ehepaar aus Tirol kam eines Tages zu uns und berichtete über seinen lange gehegten Kinderwunsch. Selbst künstliche Befruchtung hatte nicht das gewünschte Ergebnis gebracht. Wir besuchten das Paar zu Hause und stellten mit Hilfe der Wünschelrute fest, dass sich im Schlafzimmer eine Störzone befand. Wir harmonisierten den Bereich mit einer *Welle*, und ich vergaß recht schnell die ganze Geschichte – bis ich eines Tages die Post öffnete und das Foto einer glücklichen Familie in meinen Händen hielt. Unser erstes „Wellenbaby" war geboren. Wir sind sehr stolz darauf.

Ein guter Freund von mir hat eine Ex-Schwiegermutter, mit der er früher nicht gerade harmonierte, die aber auch nach seiner Scheidung natürlich die Oma seiner Kinder blieb. Nach einigen Jahren ohne Kontakt erfuhr er durch seine Kinder, dass es seiner Ex-Schwiegermutter sehr schlecht ging. Sie war gesundheitlich schwer angeschlagen, depressiv und verließ das Haus nicht mehr. Mein Freund bat mich um eine *Welle*, die ich ihm gerne mitgab. Er beauftragte dann seinen Sohn, die *Welle* im Haus der Kranken aufzuhängen. Eine Woche später rief er mich an und erzählte mir, dass sich die alte Dame nicht nur erholt habe, sondern auch nach langer Zeit das erste Mal nach Salzburg gefahren und sogar in ein Kaffeehaus gegangen sei.

Mir macht es jedes Mal Freude, wenn ich mit Ärzten zu tun habe, die viel Respekt vor alternativen Heilweisen haben. Ein Medizinprofessor, eine Koryphäe auf seinem Gebiet, hatte mir von seiner Tochter erzählt, die fortwährend unter Gesundheitsproblemen litt und der auch er nicht zu helfen vermochte. Ich sah mir ihren Arbeitsbereich an und harmonisierte ihn mittels einer *Welle*. Als ich den Spitzenmediziner nach einiger Zeit wiedertraf, erzählte er mir begeistert, wie gut es seiner Tochter nun gehe.

Ein Klinikchef, der nicht nur auf das Wohl seiner Patienten konzentriert war, sondern auch auf das seiner Mitarbeiter, die tagaus, tagein mit großem Einsatz tätig waren, lud mich zu einem Gespräch ein, das dann für mich ganz außergewöhnlich verlief. Ohne lange Vorrede gab er mir den Auftrag, alle Räumlichkeiten seiner Klinik mit der *Welle* auszustatten. Mehr als fünfzig *Wellen* auf einen Schlag in einer namhaften Klinik aufhängen zu dürfen, war ein großer Erfolg und der Durchbruch für uns.

Teil II

Gesundheit und Schwingung

Ruediger Dahlke

1
Gedanken zur Informationsmedizin und zur Harmonisierung von Störzonen und Standorten

Wir alle kennen Plätze und Orte, an denen wir uns wohl fühlen, und solche, an denen es uns schlecht geht. Das kann zum Teil mit Menschen zusammenhängen, die dort leben oder denen wir dort begegnet sind. Vieles ist jedoch unabhängig von solchen sozialen Kontakten und liegt am Ort selbst. Entsprechend Begabte können diese Erfahrung mittels Wünschelrute sichtbar machen. Die meisten Menschen merken allerdings kaum, wie sehr ihr Wohlbefinden vom Ort und seiner Atmosphäre abhängt. Doch wer sich dauerhaft an einem schwierigen bis gefährlichen Ort aufhält, etwa schlafend im Bett, kann später ein böses Erwachen erleben. Das kann bis hin zu einer Diagnose wie Krebs führen.

Nun will ich keinesfalls Wasseradern oder dergleichen

im ursächlichen Sinn für Krankheitsbilder verantwortlich machen; denn die Erfahrung zeigt, dass Menschen sich immer die passenden Plätze suchen, um ihr Thema zu verwirklichen. So neigten Krebspatienten, die ich auf ihren ungeeigneten Schlafplatz hingewiesen hatte, mehrheitlich dazu, sich den nächst ungünstigen Platz für ihr Bett zu suchen. Das Vermeiden problematischer Plätze ist die eine Seite der Medaille, das Aufsuchen überaus förderlicher Plätze die andere.

Ich selbst kann die Qualität der Schwingung von Orten gar nicht sicher feststellen, da ich nicht *fühlig* genug bin und auch eigenen Rutengängen nicht wirklich traue. Ich habe mich aber daran gewöhnt, anderen sensitiven Menschen zu vertrauen, wie meiner Partnerin oder eben Adolf Wiebecke – und ich kann mich auf ihre Ergebnisse verlassen. Falls aber die Qualität von Wasser mittels Magnetfeldern verbessert wurde, vermag ich – wie viele andere auch – dies am Geschmack des Wassers durchaus wahrzunehmen. Auf diesem Niveau sind die meisten in der Lage, solche Unterscheidungen zu treffen und entsprechend behandeltes Wasser von unbehandeltem zu differenzieren. Viele fühlen sich auch besser, wenn ihre Lebensräume entstört beziehungsweise im Sinne des chinesischen Feng Shui oder indischen Vastu verändert wurden.

In einer Welt voll von technischen Schwingungen spüren andererseits die meisten zum Glück nicht, was sie da alles umgibt und umschwingt. Für einige Sensible ist der moderne Schwingungssalat allerdings eine große Plage.

Dabei ahnen wir noch nicht einmal, wie die verschiedenen Wellen- und Schwingungsarten sich gegenseitig beeinflussen und möglicherweise verstärken. Das Chaos aus Handy- und WLAN-Feldern, Radar-, GPS-, Radio- und Fernsehwellen treibt immerhin schon einige in die Flucht. Diese modernen Nomaden aus Not suchen sich – meist in Wohnmobilen – die letzten Oasen, die in modernen Industrienationen noch frei von technischen Schwingungen sind.

Während diese Hypersensiblen oft verlacht werden, schützt Nicht-Spüren keinesfalls davor, die Konsequenzen später dennoch tragen zu müssen. Auch bei den Röntgenstrahlen übersah man anfangs die Gefahr und ließ sich bei der Schuhanprobe aus lauter Spaß und völlig überflüssig die Füße in den neuen Schuhen durchleuchten, wie ich es als Kind noch erlebt habe.

Eine 5-Jahres-Studie, die sogar in der Tagespresse veröffentlicht worden ist, ergab, dass bereits regelmäßiges Telefonieren mit dem Handy von täglich einer halben Stunde die Hirntumor-Rate verdoppeln dürfte. Die *Salzburger Nachrichten* druckten auch den bezeichnenden Kommentar der österreichischen Ärztekammer zu dieser Studie. Vonseiten der Kollegenschaft will man jetzt schon die Weichen in der Ärzteausbildung derart stellen, dass später genug Neurochirurgen zur Verfügung stehen, um die anfallenden Hirntumore zu operieren. Was geradezu zynisch wirkt, lässt aber auch erkennen, wie hoffnungslos der Ärztekammer der Versuch erscheint, das Elend etwa durch rechtzeitige Aufklärung noch abzuwenden. Daran, dass moderne Menschen auf ihr Mobiltelefon verzichten oder es zumindest vernünftiger und verantwortungsvoller einsetzen könnten, glaubt heute kaum noch einer unter den in Österreich in Bezug auf diese Strahlung immerhin vergleichsweise kritischen Kollegen.

Dabei ist Krebs ein Krankheitsbild, das sich sehr langsam und auf dem Boden einer entsprechenden seelischen Disposition, wie in meinem Buch *Krankheit als Sprache der Seele* beschrieben, entwickelt. Wenn sich solche dramatischen Aussichten bereits nach fünf Jahren Handy-Benutzung abzeichnen und viele Menschen von einem Hirntumor und damit einem der furchtbarsten Krankheitsbilder überhaupt betroffen sind, das durch seine Lokalisation die Schrecken von Krebs mit dem Horror einer psychiatrischen Störung verbindet, könnten sich in weiteren zehn Beobachtungsjahren noch ganz andere, viel besorgniserregendere Ergebnisse einstellen. In gar nicht ferner Zukunft werden die meisten eine jahrzehntelange erhebliche Handy-Nutzung hinter sich haben, und ihre Köpfe beziehungsweise Gehirne könnten dann bereits zu tickenden Zeitbomben geworden sein. Die Hoffnung, dann wenigstens in Österreich genug Neurochirurgen zur Verfügung zu haben, klingt in meinen Ohren geradezu wie ein Hohn. Noch viel makaberer ist aber der Großversuch mit dem Titel: „Handystrahlung – und wie viel verträgt das menschliche Gehirn?", an dem zurzeit Hunderte von Millionen Menschen teilnehmen, ohne es zu ahnen.

Der belastenden Strahlungs- und Schwingungsproblematik können wir nur noch schwer entkommen. In jeder Stadt sind die Menschen gleichzeitig vielen Handy-Netzen und WLAN-Feldern ausgesetzt, wie jeder, der Augen hat und einen Laptop besitzt, feststellen kann. Nach dem wichtigsten der Schicksalsgesetze, dem Gesetz der Polarität, muss aber alles, was eine dunkle Seite hat, auch eine entsprechend lichte haben, und das ist natürlich auch hier der Fall. Neben negativen muss es auch positiv wirkende Schwingungsfelder geben.

Praktisch alle ursprünglichen Völker kennen solche hochschwingenden Kraftplätze, die besondere Erfahrungen ermöglichen. Im Inneren der Cheops-Pyramide, wo ich in den großen Steinsarkophag kletterte, konnte auch ich spüren, dass es sich hier um einen besonderen Platz an einem besonderen Ort handelt. Sogar wenig Sensible können wahrnehmen, dass an einem Großstadtbahnhof oder an einem Flughafen selbst in der Nacht, wenn auch dort Ruhe herrscht, Meditationen weniger gut gelingen als in einem stillen alten Klosterhof.

Da wir nun einmal überall – bewusst oder unwissentlich – unter dem Wellensalat der Moderne leiden, ist es naheliegend, sich auch mit den positiven Seiten von Schwingungen und Feldern zu beschäftigen und die entsprechenden Vorteile zu nutzen. In meinem Leben hat sich das sehr bewährt, und ich glaube, dass die Zeit dafür nun reif ist.

Genau das tut der ehemalige Bauunternehmer Adolf Wiebecke, den ich aus meinen Seminaren schon seit über zwei

Jahrzehnten kenne. In seiner früheren Firma hat er ein Berufsleben lang Erfahrungen gesammelt mit der Atmosphäre in Neubauten und, im Rahmen von Sanierungsarbeiten, auch in Altbauten. Anlässlich der Neugestaltung der Decke einer Intensivstation erlebte er dann eine Art Einweihung in ein neues Arbeitsfeld, das seine Berufung werden sollte. Nicht nur dem Klinikpersonal fiel auf, dass durch die neue Decke auch eine neue Stimmung und Atmosphäre entstanden war. Letztlich war dies die Geburtsstunde jener *Welle*, die heute viele Räume ziert und deren Schwingungsfeld verbessert, wie es inzwischen sogar wissenschaftlich belegt wurde. Er selbst erzählt im Geleitwort von seinen Erfahrungen.

Mit der Zeit verschob sich Adolf Wiebeckes Arbeitsschwerpunkt vom Umgang mit dem Grobstofflichen immer mehr zum Feinstofflichen. Er bereiste die Welt und suchte Orte der Kraft auf, wo er unter anderem Quarzsand-Proben nahm, die jene besonderen Schwingungen in sich aufgenommen hatten und sie auch ihrerseits vermittelten. So wie sich bei anderen Menschen Fotoalben mit Aufnahmen von besonderen Plätzen ansammeln, begannen sich in seinem Haus Behältnisse mit speziellen Sandproben zu stapeln.

Obwohl er selbst die Schwingungsstärke mit der Rute bestimmen kann, war er von Anfang an bestrebt, seine Methode zu optimieren und vor allem zu objektivieren. Mit computergestützten neuesten Messverfahren gelangen ihm inzwischen auch diesbezüglich beeindruckende Schritte, die zu reproduzierbaren Ergebnissen führten. Gleichzeitig blieb es dabei, dass Rute und kinesiologischer Armtest in der Praxis noch immer mitentscheiden. Letzterer misst die Kraft beziehungsweise Energie einer Versuchsperson in einer bestimmten Situation, etwa auf einer Störzone oder an einem Kraftplatz. Neue, aus der Kirlian-Fotografie weiterentwickelte Methoden sind mit ihren standardisierten Messungen im Übrigen heute schon so verlässlich, dass sie Eingang in Universitäten finden und die alten subjektiven Methoden immer mehr ersetzen.

Inzwischen kann Wiebecke die auf Quarzsand gespeicherten Energiefelder in Kombination mit schwachen Magnetfeldern gezielt in alle möglichen Räume und Bereiche einbringen. Mittels einer elektromagnetischen Frequenztechnik vermag er die Schwingungen von den Originalproben auf chemisch neutrales Silizium zu übertragen. Silizium zeichnet sich durch das hohe Bestreben, Fremdschwingungen zu übernehmen, aus, weshalb es auch in der Halbleiterindustrie eingesetzt wird. Dieses neu informierte Trägermaterial Silizium wird nun seinerseits auf einen Magnetkörper (Chip) gebracht, der ein lokales Magnetfeld entwickelt. Dieses Magnetfeld sendet jetzt die spezifischen Schwingungen des ursprünglichen Kraftplatzes an die direkte Umgebung.

Die Effekte sind für Sensible unmittelbar spürbar. Bei anderen lassen sie sich mittels kinesiologischer Methode sicht- und spürbar machen. Es wird dabei anschaulich, wie den Betreffenden an gestörten Plätzen die Kräfte schwinden und bestimmte Magnet-Chips diese wieder zurückgeben. Wissenschaftliche Untersuchungen belegen die Veränderungen, obwohl die Phänomene noch nicht naturwissenschaftlich erklärbar sind. Mittels Kirlian-Fotografie lassen sich einerseits die Ausstrahlungen jedes Menschen messen und andererseits auch die Auswirkungen von Schwingungsfeldern auf jeden Einzelnen.

Viele Menschen haben Erfahrungen aus dem Bereich von Schwingungsfeldern, und nicht wenige gehen sehr pragmatisch damit um, wie etwa manche österreichischen Straßenbauämter. Gar nicht mehr so selten versichern sie sich der Unterstützung guter Radiästhesisten, um Gefahrenpunkte auf Straßen zu „entstören". Viele Bauherren und noch mehr Baufrauen lassen ihren Bauplatz heute schon wieder von Wünschelrutengängern untersuchen und positionieren das Haus entsprechend. Bei der Brunnensuche versichern sich auch Techniker immer öfter der Unterstützung von Sensitiven, um mit deren Spürsinn vorab dem Glück auf die Sprünge zu helfen. Ein Uri Geller setzt seinen Spürsinn längst für Konzerne auf Rohstoffsuche ein.

Paracelsus ging davon aus, dass der Mikrokosmos Körper und der Makrokosmos Welt in Analogie zueinander stehen. So finden sich auch auf unserem Körper entsprechende Zonen, die ebenfalls durch Störfelder beeinträchtigt sein können. Selbst die Schulmedizin hat diese als sogenannte Head-Zonen bestimmten Hautareale, die bei inneren Erkrankungen Reflexe zeigen, gefunden und nutzt sie bis heute in geringem Maß. Die Komplementärmedizin geht hier viele Schritte weiter und behandelt über Reflexzonen auch innere Organe und eine Fülle von Krankheitsbildern. Beispiele sind die Fußreflexzonen-Therapie und noch deutlicher die Akupunktur.

Im Heil-Kunde-Zentrum in Johanniskirchen erlebten wir neben unserer Arbeit, die darin bestand, die gestörte Energie unserer Patienten zu sanieren, auch eine eher ungewohnte, fast belustigende Ebene dieser Thematik. So blieb der Versuch, unsere Katzen aus dem Wartezimmer fernzuhalten, auf Dauer erfolglos. Sie fanden immer wieder mit neu ankommenden Patienten einen Weg ins Haus. Besonders eine schwarz-weiße Katze namens Lola bestand darauf, an Heilungen mitzuwirken. Sehr gezielt suchte sie sich Patienten mit für sie erreichbaren Problemzonen heraus und legte sich schnurrend und offensichtlich heilend darauf. Jedenfalls empfanden nicht wenige Patienten ihre Nähe als wohltuend und heilsam. Ihr Einsatz erstreckte sich täglich über mehrere Stunden und war völlig unabhängig von Belohnung und dergleichen.

Tatsächlich ist der Landbevölkerung bekannt, dass Katzen sogenannte Störfelder suchen, während Hunde sie meiden. Wenn eine Katze, die sonst nichts von einem wissen will, nachts ins Bett kommt, wie es mir einmal ein Patient berichtete, kann dies auf eine Störzone hinweisen. Die Untersuchung des Betroffenen ergab dann auch, dass die „Störung" – im Zusammenspiel mit der seelischen Situation – auch schon relevant geworden war. Der Hinweis durch die Katze führte zu der sehr frühen Enttarnung eines Tumors.

Wenn wir uns weiter mit diesem immer wichtiger werdenden Grenzbereich der Medizin beschäftigen und der modernen Informationsmedizin näherkommen wollen, ist es von großem Vorteil, sich mit Feldern und ihrer Rolle in unserer Welt zu beschäftigen.

2

Was man über Felder wissen sollte

Ohne Felder und gar Bewusstseinsfelder objektiv messen oder überhaupt nur definieren zu können, erleben wir sie dennoch ständig um uns herum. Selbst die Wissenschaft ist von diesem Gedanken erfasst. Physiker gehen längst gekonnt mit Energiefeldern um, etwa in Gestalt von elektromagnetischen Feldern. Auch in der Biologie und Soziologie ist durch Rupert Sheldrakes Theorie der *morphischen Felder* diesbezüglich zumindest kreative Unruhe entstanden. Wie üblich in der Naturwissenschaft, wurde seine Theorie jedoch zuerst einmal ebenso emotional wie heftig abgelehnt und er selbst aus dem erlauchten Kreis der Wissenschaft ausgegrenzt. Sowohl Jahrzehnte als auch einige Bücher später sind seine morphischen Felder aber immer noch im Gespräch, und auch in diesem Buch komme ich einige Kapitel später wieder darauf zurück.

In anderen Bereichen gehen wir ganz selbstverständlich mit Feldern um. Zum Beispiel weiß jeder Scheich und Häuptling auf dieser Welt, dass er, wie die Weisen aus dem Morgenland, „dem guten Stern" folgen sollte. Denn wer ihm nachfährt, hat es irgendwie geschafft. So kaufen sich natürlich alle ihren Mercedes. Einmal etablierte Bewusstseinsfelder, hier in Form der Automarke, sind über die Maßen stabil. Da wir alle ihre Auswirkungen kennen, die Wissenschaft diese aber noch nicht messen kann, bleiben wir im Umgang mit Feldern relativ hilflos.

Manche Marken haben ihr Feld so besetzt, dass ihr Eigenname dafür steht. Deutsche fragen etwa auf der Suche nach Klebestreifen nach *Tesafilm*, Österreicher nach *Tixo*. Hier ist das Feld optimal aufgebaut – es kommt gar nichts anderes mehr in Frage. Allerdings werden bei so dominierenden Feldern dann unter diesen Markennamen auch die Produkte anderer Firmen verkauft. Der Kunde sagt zwar *Tempo*, aber die Verkäuferin händigt Papiertaschentücher einer anderen Firma aus. Die Schweizer neigen weniger zu solcher Übernahme von Markennamen für ein ganzes Genre und verlangen konsequenter Weise »s´Chläberli« oder eben Papiertaschentücher.

Nun wäre es naheliegend, sich um positive Felder zu bemühen, so wie die Deutschen eines zu ihrer Fußball-WM aufbauten. Das sportliche Großereignis verzauberte eine sonst eher lamentierende Nation und tauchte sie in ein ungekannt sympathisches Nationalgefühl. „Zu Gast bei Freunden" war das Motto, das der österreichische Künstler André Heller dafür gewählt hatte, und tatsächlich gelang es, diese Vorgabe umzusetzen und ihm ein Feld in der Wirklichkeit zu bauen.

Seit Jahren versuche ich ein Feld ansteckender Gesundheit aufzubauen mit Büchern und Vorträgen, Newslettern und Rundbriefen. Allein und gegen die Übermacht des Komplottes von Schulmedizin und Pharmaindustrie ist es jedoch schwer zu verwirklichen, und es braucht seine Zeit. Dabei wäre es so verlockend, gegen die Macht der Pharmakonzerne und Medizinlobbyisten ein großes offenes Feld und eine Art Gegenkultur aufzubauen, die Gesundheit in eigener Regie verbreitet und wie von allein nach dem Schneeballprinzip wächst.

Dreißigtausend Menschen beziehen inzwischen den kostenlosen Rundbrief *Dahlke-Info* über das Internet (www.dahlke.at). Das sind einerseits viele, und andererseits ist es doch nur ein Tropfen auf den heißen Stein, beziehungsweise ein kleiner Schritt auf dem Weg zum großen Feld. Würde jeder der Dreißigtausend nur zehn Freunde dazugewinnen, wären es schon Dreihunderttausend, und würden diese wiederum... Nicht auszudenken, wie gewaltig die Möglichkeiten wüchsen. Ab einer Million Rundbriefbeziehern ließe sich die nächste öffentliche Panikattacke bereits stoppen. Mit zwanzigtausend Abonnenten war das weder bei der Vogel- noch mit dreißigtausend bei der Schweinegrippe möglich. Gegen die gewaltige Vielstimmigkeit der Medien, die wie gleichgeschaltet in denselben Tenor irrationaler Angstmache einfielen, blieben auch dreißigtausend Durchblicker nur eine kleine Gegenmacht.

Den Traum von einem *Feld* träumen viele. Doch so einfach ist ein Feld nicht aufzubauen. Viele Faktoren müssen zusammenkommen, bis ein Feld oder Thema sich lawinenartig verbreitet – etwa wie wir es gerade mit Facebook erlebt haben. Natürlich kann aus einem Schneeball die berühmte Lawine werden, aber es muss einiges zusammenpassen, denn offensichtlich gibt es viel mehr Schneebälle als Lawinen. Die Wichtigkeit oder Relevanz ist dabei gar nicht so entscheidend, sondern ob dieser Schneeball-Effekt dramatischer Ansteckung erreicht wird. Er macht zum Beispiel ein Buch zu einem Bestseller. Aber fast alle Autoren wollen Bestseller schreiben, und die wenigsten schaffen es.

Was die ansteckende Gesundheit betrifft, so halte ich das Thema für anspruchsvoller und wichtiger als das mit Facebook transportierte soziale Netzwerk-Bedürfnis. Aber da liegt auch schon der Haken, denn wirksamer als „anspruchsvoll" ist nun einmal „einfach" und „leicht" oder „eingängig". Um am Facebook-Feld teilzunehmen, muss man nichts können, nichts lernen und nichts bezahlen. Um am Feld ansteckender Gesundheit teilzunehmen, muss man sich zwar auch nur in den kostenlosen Rundbrief einklicken, aber man merkt rasch, dass drei Bücher und die zugehörigen CDs notwendig sind, um dessen ganze Tiefe nutzen zu können. Weder die Bücher der *Trilogie des Wissens* – erstens *Die Schicksalsgesetze*, zweitens *Das*

Schattenprinzip und drittens *Die Lebensprinzipien* – noch die zugehörigen CDs sind gratis, und man müsste sie vor allem auch noch lesen beziehungsweise hörend aufnehmen. Ebenso verhält es sich mit dem Gesundheitsportal (www.mymedworld.cc), das zwar eine kostenlose Nutzung der Krankheitsbilder-Deutung erlaubt, aber auf derselben anspruchsvollen Philosophie aufbaut. Und obwohl meine Bücher Millionenauflagen erreicht haben und in siebenundzwanzig Sprachen vorliegen, bleibt es fraglich, wo der springende Punkt liegt, ab dem sich ein Feld bildet, das zum Selbstläufer wird – wie etwa bei Facebook.

Wenn wir unser Leben auf diesem Planeten retten wollen, brauchen wir aber nachhaltige Felder, wie etwa eines für bewusste Ökologie und eines für Gesundheit, die sich zwanglos zu einem gemeinsamen größeren ergänzen. Daran zu bauen, ist das Wichtigste, was wir uns in dieser Zeit vornehmen können, und dazu ist es notwendig, die Spielregeln für Felder zu verstehen. Deshalb sei diesem Thema hier noch mehr Raum gewidmet und es – so gut es heute schon geht – noch weiter eingekreist. Ein entscheidend wichtiger Punkt ist dabei die Resonanz, durch die sich Felder aufbauen. Das Resonanzgesetz ist nach dem Polaritätsgesetz das zweitwichtigste der Schicksalsgesetze, die das Leben auf diesem Planeten bestimmen.

3
Das Resonanz- oder Affinitätsgesetz

Um wirklich gefahrlos mit dem Resonanzgesetz umzugehen, ist fundiertes Wissen nötig – speziell über das in der Hierarchie an erster Stelle stehende Polaritätsgesetz. In meinem Buch *Die Schicksalsgesetze – Spielregeln fürs Leben* ist es ausführlich dargestellt.[3]

Das Resonanzgesetz erklärt, warum wir ausschließlich das wahrnehmen, wozu wir Resonanz (von lat. *re-sono* = widerhallen, antwortend) haben, das heißt, was in uns widerhallt, wozu wir in Beziehung stehen und was etwas in uns zum Klingen bringt. Man kann es sich vorstellen wie bei einem Radio, das nur die Sender empfangen kann, auf die es mittels Frequenzband eingestellt ist, und das auf Fernsehprogramme gar nicht reagiert. Ein anderes Beispiel ist die Stimmgabel, für die es gleichsam nur ihren eigenen Ton gibt, für den sie gemacht ist und auf den sie

---
3   Siehe auch das Literaturverzeichnis im Anhang.

schwingt, beziehungsweise mit dem sie in Resonanz ist. Sie kann nur diesen einen Ton aussenden und auch nur ihn empfangen.

Letztlich funktionieren Menschen wie Stimmgabeln, nur haben wir die Möglichkeit, uns auf viele Töne einzustellen und auch viele auszusenden. Wenn wir aber auf etwas nicht eingestellt sind, können wir es weder empfangen noch aussenden. So sind die meisten von uns nicht in der Lage, beispielsweise zur Schrödinger-Gleichung der Mathematik etwas zu sagen oder diesbezüglich etwas aufzunehmen – uns fehlt das entsprechende Fachwissen und damit auch die Resonanz. Bei fehlender Resonanz zu einem Thema können wir es nicht vertreten oder gar wahr- und wichtig nehmen. Es erklärt auch, warum manches zu bestimmter Zeit und für bestimmte Kreise ein Geheimnis bleibt. Aus demselben Grund wurde auch das Resonanzgesetz von der offiziellen Wissenschaft sehr lange ignoriert, obwohl man es unbewusst längst einbezog.

Erlebt jemand eine erstaunliche und unerklärliche Resonanz, indem er etwa seinen Nachbarn ungeplant und völlig unerwartet in Asien in einem Lokal trifft, spricht man von einer kleinen Welt. Dabei ist die Welt doch in Wirklichkeit sehr groß. Aber sie ist eben voller Resonanzphänomene und voller Geheimnisse, hinter denen wiederum Resonanz steckt. Denn tatsächlich hält sich vor uns alles geheim, wozu wir (noch) keine Resonanz entwickeln, seien es aufwendige Maschinenpläne, die Partitur einer Symphonie oder mathematische Formeln aus der Quantenphysik. Auf diese Weise blieben auch die sogenannten Geheimlehren, wie etwa der Entwicklungsweg des Tarot, der über Symbolbilder lehrt, mitten in der Öffentlichkeit geheim. Viele Geheimnisse müssen also gar nicht aktiv verborgen werden; sie verbergen sich über fehlende Resonanz ganz von selbst.

Die Menschheit hat beispielsweise über sehr lange Zeiträume die Elektrizität einfach übersehen. Unsere Sinnesorgane konnten sie nicht wahrnehmen, und deshalb existierte sie praktisch nicht für uns. Unsere Augen haben lediglich zum Spektrum des sichtbaren Lichtes Resonanz, unsere Ohren zu den für Menschen hörbaren Tönen. Nun gibt es durchaus andere Wesen, wie beispielsweise Fledermäuse, mit ganz anderen Resonanzen. Letztere hören tatsächlich noch Ultraschall, und Hunde nehmen hochfrequente Töne wahr, für die wir taub sind. Das ist die Erklärung für Hundepfeifen, deren Töne zwar Hunde hören, aber Menschen nicht.

Bei der Fülle der Phänomene von Resonanz ist es erstaunlich, wie wenig Beachtung dieses Prinzip bisher in unserer Welt fand. Dabei könnten wir auch vonseiten der Wissenschaft längst wissen, wie groß seine Bedeutung ist. Schon vor Jahrzehnten hat der US-Amerikaner William S. Condon bewiesen, wie weitgehend unsere Kommunikation auf Resonanzphänomenen basiert. Mittels Filmaufnahmen von Sprechenden und Zuhörern in extremer Zeitlupe bewies er, wie beide in Resonanz miteinander sind. Mit winzigen, von den Betroffenen gar nicht wahrgenommenen, aber in Zeitlupe deutlich sichtbaren Minimalbewegungen der mimischen Muskulatur gehen Zuhörer in Resonanz zum Sprecher. Bei den minimalen Resonanzbewegungen der Gesichtsmuskulatur handelt es sich nicht um Reaktionen auf das Gehörte; die mimische Muskulatur bewegt sich völlig synchron. Beide Seiten sind also im selben Moment miteinander verbunden.

Nur autistische Kinder und Taube sind unfähig zu solcher Resonanz. Wahrscheinlich ist das der Grund, warum dieses Schicksal so schwer zu ertragen ist und den Betroffenen letztlich deutlich mehr zu schaffen macht als etwa Blinden das fehlende Augenlicht. Taubheit verhindert Resonanz mit anderen Menschen, Blindheit nicht unbedingt.

Erfahrungen mit Gefangenschaft zeigen, dass die absolute Verweigerung von Resonanz zu den schlimmsten aller Strafen gehört. Sogenannte sensorische Deprivation ist unerträglich, und man spricht in diesem Zusammenhang auch von Isolationsfolter. Gefangene verlegen sich in solchen Situationen meist auf Selbstgespräche. Nichtbeachtung und damit Resonanzverweigerung ist auch für Künstler am schwersten zu ertragen; sie können herbe Kritik und sogar Verrisse meist leichter nehmen als komplettes Ignorieren.

Der Entzug von Resonanz ist für Kinder ebenfalls die schlimmste Strafe, sie betteln dann geradezu um nur irgendeine Form der Aufmerksamkeit oder Beachtung, und sei es eine Ohrfeige. Sie schaukeln oder wiegen sich selbst und schlagen in höchster seelischer Not sogar ihren Kopf an das Bettgestell oder die Wand, nur um wenigstens eine gewisse Resonanz zu spüren. In solch resonanzfreien Situationen kann es geschehen, dass Menschen dem Wahnsinn im psychiatrischen Sinn verfallen.

Wenn absolut nichts mehr wahrnehmbar ist, lässt sich aber auch mit diesem Nichts in Resonanz kommen, wie es dem indischen Freiheitskämpfer und späteren Meister-Yogi Sri Aurobindo widerfuhr, als er in englischer Gefangenschaft saß. Man hatte ihn in ein Verlies geworfen, das nichts als ein stockfinsteres Loch war. Als alle Wahrnehmung aufhörte, nahm er die Stille in sich wahr, ging in Resonanz mit ihr und wurde eins mit sich und der Stille, mit dem Nichts und dem All. Der spätere Begründer des *Integralen Yoga* verlor diesen Bezug zur Einheit anschließend nie mehr. Auf solchen Erfahrungen fußt im Übrigen die sogenannte *Dunkeltherapie*, bei der jemand einige Tage lang völlig abgeschnitten von allen optischen und akustischen Sinneseindrücken ganz auf seine Innenwahrnehmung zurückgeworfen wird und ohne jede äußere Ablenkung mit sich ins Reine kommen kann.

Darüber hinaus gibt es eine Fülle von Resonanzphänomenen, die wir alle kennen, die wir nur nicht so klar als solche interpretieren. Warum etwa gehen wir im Zeitalter exzellenter Unterhaltungselektronik noch in die Konzerthalle? Im eigenen Wohnzimmer kann mit guten Digitalaufnahmen und erstklassigen Boxen optimale Tonqualität erreicht werden. Aber die Erfahrung lehrt, dass in einem Live-Konzert weit mehr geschieht. Das Geheimnis liegt in der Resonanz. Wir schwingen mit der Musik und folglich mit allen Musikern und den anderen Zuhörern mit. Wir tauchen damit in ein Schwingungsfeld ein und spüren Resonanz mit allen Beteiligten. Da die Musiker des Orchesters oder der Band ebenfalls in diese Resonanz eintauchen, die sie mit dem Dirigenten und uns teilen, ergibt sich ein besonderes Ereignis und eine Erfahrung, die im Innersten berühren wird.

Damit kommen wir auch dem Geheimnis großer Dirigenten und beliebter Bandleader nahe und finden in ihrer Fähigkeit, Resonanz herzustellen, die beste Erklärung für ihren Erfolg. Es gelingt ihnen, ihre Musiker in Resonanz mit der Musik des Komponisten zu bringen, was sie zu Brückenbauern zwischen dem Schöpfer der Musik und den Interpreten und den Zuhörern macht und damit auch – etwa bei klassischer Musik – zu Mittlern, die Vergangenheit und Gegenwart lebendig verknüpfen. Bei solch einer Aktivierung alter und neuer Musikmuster während eines Konzerts kann – abhängig von der Zahl der an der Resonanz Beteiligten – ein sehr intensives Energiefeld entstehen. Berühmte Konzertaufführungen oder legendäre Festivals, wie zum Beispiel Woodstock, beruhten auf solch einem besonderen Resonanzfeld.

An dieser Stelle lässt sich auch das Geheimnis von Popstars, Schauspielern und Rednern sowie von Spitzentrainern durchschauen. Ihre Aufgabe besteht immer darin, ein Resonanz- oder Schwingungsfeld herzustellen. Je mehr Resonanz entsteht, desto berührender und gelungener wird

Gesundheit und Schwingung

die Darbietung empfunden. Insofern ist es die Fähigkeit, Resonanz mit möglichst vielen herzustellen, die den Ruhm begründet oder zur Basis des Erfolgs wird.

Auch im therapeutischen Bereich ist Resonanz entscheidend. Wer als Behandler keine Resonanz zu seinen Patienten aufzubauen vermag, wird ihnen nicht helfen können. Wenn der Behandler jedoch im Rahmen eines intensiven und berührenden Therapiefeldes tätig ist, wird er seine Patienten leichter in das Land der Heilung mitnehmen können. Deshalb ist es auch so wichtig, dass Therapeuten dieses Land aus eigener Erfahrung kennen und selbst möglichst bewusst und gesund sind.

Resonanz ist aber auch eine Alltagserscheinung und in unserem normalen Leben vielfältig zu beobachten. Wer beispielsweise im Stau des Ferienverkehrs in Resonanz mit den anderen Staukollegen in der langen Schlange geht, fühlt sich offensichtlich gar nicht so schlecht. Natürlich gilt das aber nur für diejenigen, die es nicht eilig haben und sich auf diese Resonanz einlassen.

Wann immer wir mit dem momentanen Geschehen in Resonanz treten, ergeben sich rasch Gefühle des Mitschwingens, und das ist von angenehmer Qualität. An diesem Punkt berühren wir das Geheimnis der Meditation, die letztlich kein anderes Ziel hat, als Resonanz mit dem Hier und Jetzt herzustellen. Sobald jemand etwa bei der Za-Zen- oder Vipassana-Meditation in Resonanz mit dem Sitzen in Stille geht, können sich wundervolle Erlebnisse bis hin zu Einheitserfahrungen ergeben. Wer sich derart intensiv auf die traditionelle Übung des Bodenwischens einlässt, dass er ganz dazu wird, statt wegen der anspruchslosen Arbeit in Widerstand zu gehen, kann sich mit den – funktional gesehen – unsinnigsten Putzorgien in Zen-Klöstern aussöhnen. Sie sind nur eine weitere Chance, in den Moment einzutauchen und sich mit ihm in Resonanz zu bringen. Ähnliches ist natürlich überall möglich.

Andererseits lässt sich auch mit negativen Schwingungen wie Unzufriedenheit in Resonanz gehen, und so können sich entsprechend negative Felder ergeben. „Wir schaffen uns Leid, wenn wir immer alles anders haben wollen, als es ist", sagte der Buddhist Thich Nhat Hanh. Das ist leider genau die Taktik der meisten westlichen Menschen im Umgang mit der Welt. Das in Deutschland entstandene „Jammerfeld" geht ja nicht auf eine Mutation im Gehirn im Sinne eines Jammerlappens zurück, sondern auf ein Feld von ansteckender Unzufriedenheit und kollektiver Nörgelei.

Leid entsteht, sobald wir in Resonanz mit Unzufriedenheit gehen. Bauen wir dagegen Resonanz mit Zufriedenheit auf, ist Mitschwingen im positiven Sinn möglich, was wiederum in ein (Lebens-)Feld der Zufriedenheit mündet.

Resonanz betrifft jedoch nicht nur Menschen und Lebewesen, sondern auch Dinge. Die Pendel von alten Uhren, die nebeneinander beim Uhrmacher an den Wänden hingen, schlugen fast alle im selben Rhythmus, offenbar weil sie in Resonanz miteinander schwangen.

Wer sich dem Phänomen Resonanz öffnet, findet es

überall und bis in die Details des Lebens. Wenn Tiere oder Menschen in Panik geraten, können sich gewaltige und auch verheerende Bewegungsmuster ergeben. Bei großen Fischschwärmen sind diese Resonanzmuster bekannt, wenn sich Millionen von Tieren wie ein einziges Wesen bewegen. Viele Ehepartner gleichen sich über Jahrzehnte so sehr aneinander an, dass sie wie Geschwister wirken, dabei sind sie nur in weitgehender Resonanz.

Resonanz können wir ebenso beim Einschwingen zwischen Hund und Herrchen beziehungsweise Frauchen beobachten, und selbst bei Kind und Hund wird es deutlich. Behinderte und ihre Partnerhunde, vor allem Blinde und ihre Hunde, machen uns dieses Phänomen der Resonanz sehr bewegend deutlich.

Die Macht der Resonanz kennen und nutzen Diktatoren, wenn sie Menschenmassen dadurch in Resonanz bringen, dass sie Regimenter im Gleichschritt an ihnen vorbeimarschieren lassen, ganze Bevölkerungsgruppen in Uniformen stecken, sie zu gleichen Klatschmustern animieren und sie am besten auch noch gemeinsam singen lassen und damit in den gleichen Atemrhythmus versetzen. So entsteht Resonanz, und wenn Herrscher ihren Untertanen dann noch sehr einfache, bevorzugt auf Projektion basierende Parolen vorgeben, können sie sie fast überallhin mitnehmen. Selbst grausame, wahnwitzige Projekte erscheinen dann erstrebenswert, wie es etwa Goebbels schaffte, der die Deutschen mit seiner Sportpalast-Rede auf den „totalen

Krieg" einschwor. Überhaupt war die Nazi-Propaganda nach dem Motto „Ein Reich, ein Volk, ein Führer" sehr geschickt auf die Verwirklichung von Bewusstseinsfeldern ausgerichtet. Wenn die Soldaten dann in langen Kolonnen im Stechschritt marschierten, hatte das keine besonderen militärischen, aber erhebliche Resonanzeffekte.

Marschieren im Gleichschritt war wohl auch das entscheidende Geheimnis hinter dem überraschenden Erfolg der alten Römer. Wie sonst konnte diese einst unkultivierte Bauernbande aus Latium, die den in fast jeder Hinsicht entwickelteren benachbarten Etruskern hoffnungslos unterlegen war, diese doch so rasch besiegen und anschließend all die anderen Völker, bis ins ferne Germanien und Britannien? Der Trick der Römer bestand darin, das militärische Marschieren erstmals konsequent anzuwenden und zu erkennen, wie mit seiner Hilfe sehr große Entfernungen zeit- und energiesparend überwunden werden können. Bis heute steckt man – nach römischem Vorbild – Soldaten in Uniform und stiftet sie zum Singen einfacher Marschlieder an, um über den gleichen Atemrhythmus ihre Resonanz noch weiter zu erhöhen.

Das Singen von Mantras baut auf demselben Prinzip auf, wenn es auch höherstehende Ziele hat. Die Singenden geraten rasch in Resonanz mit einem angenehmen und mit der Zeit sehr verbindenden Feld, das sich ohne jede Anstrengung aufbaut und während des Chantens lange erhalten bleibt.

Weiterhin kennt das heutige Militär inzwischen auch die Gefahr, die von im Gleichschritt marschierenden Soldaten selbst für massive Brücken ausgeht. Dieses Marschieren ruft so starke Resonanz hervor, dass die Soldaten auf Brücken „aus dem Tritt" müssen, um diese nicht zum Einsturz durch Mitschwingen zu bringen. In Offizierskreisen weiß man auch, wie viel Energie durch die Resonanz des Marschierens im Gleichschritt eingespart wird.

Wie angenehm sich Resonanz anfühlt, erleben wir beim Tanzen, sobald wir uns gemeinsam dem Rhythmus hingeben und anvertrauen. Das beschwingte Gefühl der Resonanz kann die Stimmung spürbar heben. Dies lässt sich auch auf Bier- und Weinfesten beobachten, wenn – durch eine alkoholvermittelte leichte Großhirnvergiftung – Schranken und Tabus überwunden werden und wildfremde Leute sich einhaken und zu archaischen Rhythmen in bier- oder weinseliges Schunkeln verfallen. Wie faszinierend solche Resonanz ist, zeigt immerhin die Anreise von Tausenden von Japanern und Amerikanern zu dem berühmtesten dieser Feste, dem Münchner Oktoberfest.

In Sportstadien lässt sich an der beliebten La-Ola-Welle ebenfalls das Phänomen Resonanz studieren. Anhänger der heimischen Mannschaft versetzen sich damit in Gleichklang und scheinen so tatsächlich eine unterstützende Wirkung auf ihre Mannschaft zu entwickeln. Anders ist der sogenannte Heimvorteil im eigenen Stadion kaum zu erklären. Die in den La-Ola-Wellen deutlich werdende Resonanz kann offenbar die eigenen Spieler beflügeln.

Müssten sie nämlich vor leeren Rängen spielen, wie es als Strafmaßnahme vorkommt, fällt der Heimvorteil weg.

Während der 68er-Bewegung schafften es die Studenten spielend, Vorlesungen zu sprengen, und zwar über Sprechgesänge und Klatschen im Rhythmus von „Ho-Ho-Ho Chi Minh!" – so einfach, so wirksam. Die mit dem geklatschten Namen verbundene Resonanz ließ den Professoren wenig Chancen und gab den Studenten die Macht, ständig Diskussions- anstelle von Lehrveranstaltungen zu erzwingen.

Auch Wissenschaftler sind Resonanz-Phänomenen immer wieder auf die Spur gekommen. Vor Jahrzehnten entdeckten der russische Astronom A. M. Molchanov und der deutsche Forscher Theodor Landscheidt wesentliche Aspekte von Resonanz, was jedoch weitgehend ignoriert wurde. Molchanov fand Resonanz-Phänomene beim Studium der Zahlenverhältnisse in unserem Sonnensystem. Landscheidt entdeckte die vollkommene Analogie der Strukturen des Atoms mit denen des Sonnensystems und folglich die Tatsache, dass sie in Resonanz funktionieren. Beides ahnte bereits Goethe und drückte es in seiner Vision der Sphärenharmonie aus.

Heutige Wissenschaftler arbeiten mit dem Resonanzprinzip in Gestalt des resonanten Lichtes von Laserstrahlern. Die Kraft des gebündelten, in gleicher Phase schwingenden Lichtes ist so groß, dass sich damit selbst härteste Materialien problemlos schneiden lassen.

Auf technischer Ebene wissen Physiker, dass Sender und Empfänger in definierten Zahlenverhältnissen zueinander stehen müssen, um Empfang und damit Resonanz sicherzustellen. Das Verbindende, um Resonanz zu erzeugen, liegt offenbar im Bereich der Formen, also auf der Ebene der Signaturen, und keineswegs in materieller Identität. Das heißt, die Zellen etwa eines Muskels verfügen praktisch alle über Spindelform und schwingen bei jeder Aktion miteinander. Sie ziehen im wahrsten Sinne des Wortes an einem Strang beziehungsweise an derselben Sehne. Muskeln gehen auch untereinander ständig in Resonanz und agieren, von außen betrachtet, wie ein einziges Wesen mit dem Ziel koordinierter Bewegung. Bei einem so normalen Vorgang wie dem Gehen befinden sich die meisten Skelettmuskeln also in Resonanz. Letztlich stehen alle Zellen der Organe unseres Körpers in Resonanzbeziehung zueinander. Den meisten Zellen gemeinsam ist die Signatur des Mandalas. Sie reicht vom Mikrokosmos des Atoms über die Körperzellen bis zum Spiralnebel auf Makrokosmosebene.

Auch im Seelenbereich ist Resonanz weit verbreitet, wie sich noch beim Phänomen Liebe zeigen wird. Am Beispiel der Beziehung von Therapeut und Patient wurde es schon kurz angesprochen. Außerdem stellte sich heraus, dass sich beider Herzrhythmen synchronisieren und offenbar in ein gemeinsames Resonanzfeld eintreten. Bei jungen, unerfahrenen Therapeuten dürften deren noch fehlende eigene Entspannung und Ruhe diesen Prozess und damit eine erfolgreiche Therapie erheblich erschweren.

Alle diese Beispiele zeigen, dass letztlich Resonanz die Grundlage aller menschlichen und tierischen Bewegung und Rhythmik und somit folglich ihres Lebens ist. Doch wirklich reif für das Thema Resonanz wurde die Naturwissenschaft erst durch die Entdeckung jener speziellen Nervenzellen, die als Spiegelneuronen bezeichnet werden. Ihre einzige Aufgabe ist die Herstellung von Resonanz, und mit ihrer Hilfe lässt sich heute erklären, warum wir ebenfalls zu gähnen beginnen, wenn es jemand in unserer Nähe tut. Wir werden von diesen Neuronen dazu gebracht, unsere Umwelt zu spiegeln beziehungsweise möglichst oft mit ihr in Resonanz zu gehen.

Spiegelneuronen bringen junge Affen und Kinder generell dazu, ihre Eltern nachzuäffen. Alle Kinder lernen ganz zu Anfang fast nur über das Nachahmen. Überall gehen die Kleinen in Resonanz mit den Großen und lernen so wirklich spielend, was sonst viel schwerer fiele. So erklärt sich auch, warum alle Kinder weltweit problem- und fehlerlos und immer akzentfrei ihre jeweilige Muttersprache erlernen. Wird diese Aufgabe später dagegen studierten Pädagogen ohne Kenntnis des Resonanzgesetzes übertragen, ergeben sich die bekannt schlechten Resultate. Wir verschwenden damit in der Erziehung wertvollste Zeit und produzieren nicht nur unnötige und hässliche Akzente beim Lernen einer Fremdsprache, sondern auch viele andere Fehlleistungen und vor allem Widerwillen bei den Kindern.

Obwohl die Mehrheit der Pädagogen noch vor der Entdeckung des Resonanzgesetzes steht, haben einzelne Lehrer dieses Gesetz immer schon beachtet und sich und ihren Schülern das Leben leichter und schöner gemacht.

Die einfache Bevölkerung hat ebenfalls schon lange vom Resonanzgesetz Kenntnis erhalten. Ihr Sprachrohr, der Volksmund, macht es in seiner unverblümten Art deutlich, wenn er etwa davon ausgeht, dass *der Teufel immer auf den größten Haufen scheißt*. Dass Geld zu Geld kommt, ist völlig klar, trotzdem wird das Resonanzgesetz in keiner Banklehre und nicht einmal im Betriebswirtschaftsstudium gelehrt.

Die Sprache ist voller Ausdrücke aus dem Resonanzbereich, etwa wenn wir *zu jemandem einen Draht haben*, ohne mit dieser Person verkabelt zu sein. Wir wollen damit nur sagen, dass wir uns unerklärlich verbunden und einig mit ihr fühlen, also Resonanz zu ihr haben. Wer sich *auf der gleichen Wellenlänge* mit jemandem wähnt, hat ein ähnliches Gefühl wie derjenige, der *eine Antenne für jemand* anderen hat. Wer für andere Menschen *auf Empfang geschaltet* hat, drückt damit seine Offenheit für sie aus. Ein gebräuchlicher Ausdruck wie *mit jemandem mitschwingen* bringt es auf den Punkt.

Zusammenfassend lässt sich sagen, dass Resonanz *miteinander schwingen* bedeutet, und zwar bei aller Verschiedenheit. Dabei wird Energie gespart, weshalb die Natur den Weg der Resonanz bevorzugt und Menschen dabei solche Freude empfinden und sich rundum wohl fühlen.

4
Resonanz und die Konsequenzen

Jeder von uns nimmt seine eigene Welt wahr. Nur womit wir in Resonanz gehen, wird relevant für uns. Für alles andere haben wir kein Verständnis. Meist finden wir nicht einmal den geringsten Kontakt zu Menschen und Dingen, zu denen uns Resonanz fehlt. Deshalb ist die Welt unser Spiegel, in dem wir uns – eine gewisse Ehrlichkeit vorausgesetzt – auch gut erkennen können. Umgekehrt hat natürlich auch alles, was wir erkennen und mit dem wir in Kontakt kommen, mit uns zu tun.

Wann immer wir den Spiegelcharakter der äußeren Welt verkennen und sie für objektiv gegeben und für gänzlich unabhängig von uns halten, entstehen Probleme. Alle Versuche, die Welt außen im Spiegel zu ändern, sind so logisch, wie morgens den Badezimmerspiegel zu schminken. Solche alltäglichen Beispiele könnten uns helfen, entsprechenden Unfug zu durchschauen.

Am Morgen im Bad ist noch alles in Ordnung, aber

kaum haben wir es verlassen, beginnen Spiegelfechtereien der erstaunlichsten Art. Plötzlich glaubt man, die eigene Missstimmung im Gesicht des Partners oder des Chefs zu sehen, und sogleich beginnen auch schon die „Therapieversuche" auf der Projektionsfläche. Wer dagegen das Resonanzgesetz bis in die Tiefe durchschaut, kann sofort anfangen, die eigenen Projektionen wahrzunehmen und diesem krisenträchtigen Spiel ein Ende zu setzen. Wir können uns von nun an selbst in allen und allem erkennen. Über Resonanz und die sich aus ihr ergebenden Felder werden wir uns völlig neu wahrnehmen. Es beginnt damit eine Eigentherapie, die das ganze Leben verändern und wesentlich vertiefen wird.

Unser Augenmerk wechselt von der Schuldzuweisung zur Eigenverantwortung, und statt zu versuchen, die Außenwelt zu verändern, wird die eigene Entwicklung und Veränderung immer mehr zum Schwerpunkt. Im Äußeren können wir durch die wachsende Aufmerksamkeit für Bewusstseinsfelder beginnen, diese zu beeinflussen, und zwar im Hinblick auf deren Rückwirkung auf uns selbst. Wer das Bewusstseinsfeld und damit die Stimmung und Atmosphäre in seinem Arbeitsumfeld verbessert, wird davon selbst am meisten profitieren. Und wie wir noch sehen werden, reichen diese Möglichkeiten noch viel weiter und bis über den zwischenmenschlichen Bereich hinaus. Wer aber, wie die Mehrheit, den Spiegel nicht als solchen erkennt, wird Anstoß an ihm nehmen und ständig außen nach der Schuld suchen.

Man könnte das Leben mit einem Irrgarten oder Spiegelkabinett vergleichen, wie es sie auf Volksfesten gibt. Wer dort die Spiegel als solche erkennt, gelangt ohne Kollisionen durch die Gänge des Labyrinths hindurch; andernfalls tut es weh und führt zu Beulen. Die Analogie zu unseren Versuchen im Leben ist offensichtlich und zugleich *deut*lich. Die Umwelt als Spiegel wahrnehmend, kommt man gut durchs Leben. Wer sie dagegen für objektiv hält, wird ständig Anstoß nehmen und seine Lebensenergie in meist sinnlosen Auseinandersetzungen und frustrierenden Kämpfen verausgaben.

All das spricht keineswegs gegen Spiegel, sie sollten nur als solche erkannt werden und als der beste Weg, sich selbst darin zu sehen. Wem klar ist, dass sich wesentliche Veränderungen der Außenwelt im Äußeren genauso wenig erreichen lassen, wie es Sinn macht, den Spiegel aufzuhübschen, weil er ein griesgrämiges, graues Gesicht zeigt, der muss andere Wege der Einflussnahme wählen.

Die Umwelt wird durch solche Erkenntnisse nicht unwichtig, sondern ist, gerade wenn wir sie als Spiegel erkennen, wahr- und wichtig zu nehmen. Schließlich bietet sie den besten Weg zur Selbsterkenntnis. Nirgendwo können wir unsere Licht- und Schattenseiten besser und deutlicher erblicken. Insofern ergibt sich hier einerseits sogar eine Möglichkeit, das Schattenprinzip[4] auf das eigene Leben anzuwenden. Andererseits kann nach dieser Erkenntnis

---
4 Siehe Dahlke, *Das Schattenprinzip. Die Aussöhnung mit unserer verborgenen Seite*, Goldmann, München 2010.

auf einer viel tieferen und wirksameren Ebene auf Felder Einfluss genommen werden, um das Innen und das Außen in Einklang zu bringen. An einem Ort der Kraft in einem Feld von harmonisierenden Schwingungen werden eben auch innere Seelenharmonie und daraus folgendes Wachstum intensiver gefördert. Das ist die Idee von Klöstern und Ashrams. Sie versuchen auch, ideale äußere Umstände zu schaffen, damit Menschen innerlich leichter vorankommen.

Der Königsweg ist es, sich bewusst selbst zu ändern und damit die eigene Resonanz. Eine weitere sinnvolle Möglichkeit bieten Rituale. Über Rituale können äußere Veränderungen eine innere Wandlung bewirken und so die Resonanz beeinflussen. Demgegenüber tendieren die üblichen äußeren Veränderungen – etwa im politischen Sinne – dazu, an den wirklichen Problemen nichts zu ändern, sondern sie eher auf andere Schauplätze zu verlagern. Als Ergebnis erleben wir Oberflächenkosmetik und Spiegelfechtereien. Das Fazit klingt einfach, hat aber entscheidende Konsequenzen für das praktische Leben: *Jeder lebt in seiner Welt. Wer sie ändern will, muss sich selbst ändern.*

Nun zeigt aber die Erfahrung, dass das Gros der Menschen nicht motiviert ist, sich selbst zu ändern, und das Heil sehr viel lieber in funktionalen Maßnahmen sucht. Es erscheint beispielsweise auf den ersten Blick viel leichter, sich ständig über unehrliche Menschen in der Umgebung zu beschweren, als dabei sein eigenes Schattenthema zu erkennen und auf die Suche nach eigener Unehrlichkeit zu gehen. Doch irgendwo muss sie innen liegen, wenn sie einen da draußen, in der eigenen Umgebung, stört. Leider fällt es uns schwer, bei uns selbst solche Probleme wie Unehrlichkeit zu sehen. Eigenblindheit und Verdrängung stehen uns dabei häufig im Weg.

Resonanz hat, wie schon gesagt, zwei Seiten, da wir im Positiven wie im Negativen mitschwingen können. Angenehme Aspekte werden etwa beim gemeinsamen Singen, Musizieren oder Tanzen angesprochen, wenn wir mit den anderen im selben Rhythmus der Musik schwingen. Unangenehme kommen ins Spiel, wenn die Umwelt unsere Schattenseiten in Resonanz schwingen lässt, wie beim Thema Unehrlichkeit. Wir schwingen dann mit einem Feld mit, das uns nicht bewusst ist, weil wir es in den Schatten abgeschoben haben.

Nochmals sei in Erinnerung gerufen, dass wir nur den Menschen und Situationen begegnen, die mit uns in Resonanz sind. Wenn sie uns gefallen, sind sie in Resonanz mit unserem *Bewusst(-en)Sein*, wenn sie uns missfallen, mit unserem Schatten.

5
Einfluss und Einklang

Nach all dem Gesagten wird immer klarer: Es kann uns nur das zustoßen, wozu wir in Resonanz stehen oder, mit anderen Worten, wozu wir reif sind. Wir können aber auch nachhelfen und uns für bestimmte Erfahrungen reif machen, die wir uns wünschen oder sogar ersehnen. Es ist der erfolgreichere Weg, mit der Welt umzugehen. Hierbei wäre nur das Schattenprinzip zu bedenken, sonst geraten wir in jenes primitive Wunschdenken, das die Esoterik-Szene belastet.

Wer sich nach der großen Liebe sehnt, kann sich dafür reif machen, indem er sein Herz entsprechend öffnet. Wer sich nach Geld sehnt, kann sich auch dafür reif machen, wie in meinem Buch *Die Psychologie des Geldes* dargestellt.

Wie reif man für ein Thema ist, lässt sich daran ermessen, wie häufig es einem begegnet. Wenn es überreif ist, wird es schließlich überall auftauchen: Ganz „von selbst" kommen „plötzlich" die entsprechenden Filme und Menschen und die passenden Bücher auf einen zu, beziehungsweise sie finden einen *wie bestellt*. Sie wurden allerdings mittels Resonanz angezogen, und es wird leicht übersehen, dass ein bloßes *Bestellen*, etwa beim *Universum*, sicher nicht reicht. Es geht vielmehr darum, sich selbst reif zu machen und die entsprechende Resonanz aufzubauen. Vor allem aber wird nur zu leicht übersehen, dass man – im Sinne des Polaritätsgesetzes – damit auch den Schatten einlädt.

Alle Religionen und spirituellen Traditionen sind sich einig, dass kein Weg am eigenen Schatten vorbeiführt, sondern im Gegenteil alle wirklichen Wege mitten durch den Schatten und seine Konfrontation führen. Kurz gesagt: Alles einmal *Bestellte* muss – auf die eine oder andere Art – irgendwann bezahlt werden. Das aber wollen jene, die allein der Strategie des Wünschens folgen, nur ungern zur Kenntnis nehmen, und sie legen es damit unbewusst auf Zwangsbelehrungen durch das Schicksal an.

Das Resonanzgesetz führt Menschen zusammen, die am Selben interessiert sind und folglich gut zusammenpassen, weil sie – im Sinne positiver oder negativer Resonanz – sowohl ähnliche Themen als auch ähnliche Probleme haben. Kaum ist jemand auf pflanzliche Kost im Sinne von *Peace-Food* [5] umgestiegen, trifft er in seiner neuen Begeisterung eine Menge anderer Veganer, sogar im ei-

---
5 Siehe Dahlke, *Peace-Food – wie wir durch Verzicht auf Fleisch und Milch Körper und Seele heilen*, GU, München 2011.

genen Bekanntenkreis, und glaubt, diese Ernährungsform werde demnächst die Welt erobern. Dabei lebten diese Leute schon lange ohne tierische Produkte, nur war es von ihm noch nicht zur Kenntnis genommen worden, weil er bislang keine Resonanz dazu hatte.

Im negativen Sinne gilt Ähnliches: Kaum ist man bestohlen oder betrogen worden, trifft man andere mit demselben Schicksal und denkt, die Welt bestehe nur noch aus Dieben und Betrügern. Dabei widerlegt die Existenz von Falschgeld nicht die von echtem Geld, sondern bestätigt sie. Die mit solchen Erfahrungen verbundene Überraschung und das Erstaunen über das Auftauchen von Leidensgenossen, aber auch von *not*wendiger Hilfe in Gestalt von Büchern, Filmen und Menschen, sind ebenso verständlich und über das Resonanzgesetz leicht erklärbar. Da man bisher noch nicht reif für das Thema gewesen ist, ließ es sich noch nicht wahr- und wichtig nehmen.

An dieser Stelle kann auch klar werden, wie Entwicklungsstufen mit Resonanz zu tun haben. Kinder haben natürlich eine ganz andere Resonanz als Erwachsene. Sie leben in ihrer eigenen Welt, die sich von Altersstufe zu Altersstufe wandelt und die, obwohl völlig anders, deshalb nicht schlechter oder besser ist. Ähnlich haben Menschen archaischer Kulturen völlig andere Resonanzen als die der Industriegesellschaft. Da es auf unserer Erde praktisch alle Entwicklungsfelder gibt, von der Steinzeit über das Mittelalter bis zur Neuzeit, können wir auf Reisen gleichsam beliebig Resonanz zu unserer Vergangenheit herstellen. Wir finden im Amazonas noch Menschen auf dem Steinzeit-Niveau, und viele Stämme und Gruppen leben für unsere Verhältnisse auf mittelalterliche Weise. Durch die bewusste Wahl von Umgebung und Umwelt können wir folglich auch unsere Resonanz beeinflussen.

6
Liebe und Einheitserfahrung

Wenn Menschen sich verlieben, gehen sie in Resonanz, und das Gefühl von Verliebtheit ist umso stärker, je verschiedener die Verliebten sind. Zwischen den großen Liebenden der Geschichte, etwa zwischen Tristan und Isolde oder zwischen Romeo und Julia, lagen Welten. Romeo und Julia stammten aus verfeindeten Clans der Stadt Verona und durften sich nicht einmal grüßen. Ihre sprichwörtlich gewordene Liebe überbrückte diesen tiefen Abgrund, und sie gingen schließlich lieber gemeinsam in den Tod, als sich zu trennen.

Wenn Menschen sich von Partnervermittlungs-Instituten oder heute via Internet unter die berühmte Haube bringen lassen wollen, erwarten sie nicht die Vermittlung von gleichen oder auch nur ähnlichen Partnern, sondern von solchen, mit denen sie gut schwingen können. Je verschiedener sie sind, desto heißer kann die Liebe sich anfühlen. Wenn sie nach dem Motto „Gleich und gleich gesellt sich gern" entstanden ist, kann sich eine Beziehung zum Wohl ergeben. Ist sie hingegen auf der Basis von „Gegensätze ziehen sich an" entbrannt, ergibt sich eine Beziehung zum Heil. In der Regel mischen sich beide Prinzipien, und diese Mischung führt zu einer mehr oder weniger starken Resonanz.

Einander zu lieben heißt, miteinander zu schwingen, und ist mit dem Wunsch verbunden, eins zu werden. Sich zu verlieben bedeutet, sich dieser Resonanz schlagartig zu ergeben. Tatsächlich kann man sich nicht nur in Menschen, sondern auch in Orte und sogar in Landschaften und Länder verlieben. Liebe zielt immer darauf, sich füreinander zu öffnen, die eigenen Grenzen aufzugeben, um aus zwei getrennten ein verbundenes Wesen zu machen. Dieses eine wird als deutlich mehr als die Summe der beiden Teile empfunden. Der Ebenenwechsel im Empfinden kann etwas qualitativ vollkommen Neues möglich machen, wenn beispielsweise aus dem Zusammenkommen und Miteinanderschwingen und -schlafen ein Kind entsteht.

Bei der Beziehungsanbahnung fragt der Junge das Mädchen: „Gehst du mit mir?" Wenn sie dann neben- und *miteinander gehen*, schwingen sie natürlich auch miteinander. Schlafen sie schließlich miteinander, wird die Resonanz noch deutlicher, und die rhythmischen Bewegungen des Geschlechtsverkehrs verleihen dem Ausdruck. In Zukunft bleiben sie weiter auf der Suche nach gemeinsamen Resonanzerfahrungen, die ihrer Liebe zugleich Ausdruck und auch Kraft verleihen sowie das Gefühl stärken, zusammenzugehören. Sie tanzen und schwingen miteinander, wiegen sich in Hollywoodschaukeln oder in Ruderbooten. Dieses rhythmische Schwingen erinnert an die erste Zeit im Bauch der Mutter, als ihr Atem und jeder ihrer Schritte das Ungeborene sanft wiegten.

Wer sich mit seiner „besseren Hälfte" vereint hat, genießt das Gefühl von Resonanz. Die beiden fühlen sich *zum Bäumeausreißen*, könnten *von Luft und Liebe* leben und *Gott und die Welt umarmen*. Was sich so poetisch anhört und so wundervoll anfühlt, ist das Ergebnis eingetretener Resonanz. Liebende spüren diesen erhebenden Energieüberfluss, der sie leicht werden und oft genug aufs Essen verzichten lässt. Ihr Einswerden bringt sie gefühlsmäßig der Einheit und damit Gott nahe, und die Liebe kann als himmlisch empfunden werden. Sie spüren keine Grenzen, nichts erscheint ihnen und ihrer Liebe in diesem Resonanzzustand unmöglich. Ihre Liebe öffnet sie für den Partner und andere Menschen und die große Göttin, die der Mutter Erde und dem All entspricht.

Die Liebe holt aber auch die Polarität ins Spiel, aufgrund derer sich Gegensätze anziehen und zu ihrer Vereinigung in Liebe tendieren. Meist zeigt sich gerade in der Partnerschaft, um wie viel größer noch die Macht des Polaritätsgesetzes ist. Wenn es unbeachtet bleibt und auch dem Schattenprinzip nicht Rechnung getragen wird, kann sich aus heißer Liebe mit der Zeit kalter Hass ergeben, und was eiligst vor den Traualtar führte, landet später beim Scheidungsrichter.

Resonanz ist das ideale Mittel, um die Polarität zu überwinden und so den Befreiungs- beziehungsweise Erleuchtungsfall zu proben. Aus der Perspektive der Schicksalsgesetze ist es das Schönste und Erfüllendste, diesen Schritt aus der Welt der Gegensätze zurück in die Einheit zu schaffen. Plötzliches Einsetzen von Resonanz, etwa wenn uns die Liebe auf den ersten Blick trifft, lässt uns besonders eindrucksvoll die Einheit fühlen. Wenn Resonanz ganz unvermittelt eintritt und Wahrnehmung und Weltempfinden sich schlagartig ändern, wird mit einem Mal auch klar, wie viel mehr das Leben in der Einheit zu bieten hat als die Welt der Polarität.

Die Tatsache, dass Liebe unsere beste Chance ist, in der polaren Welt Einheit zu erleben, erklärt ihre einzigartige Faszination. Kaum ein Film, kaum ein Roman, der sich nicht – zumindest als Schluss – um sie dreht. Ein Leben ohne Liebe erscheint leer und unbefriedigend. Diese Erfahrung der Einheit geht als Prototyp der Resonanz weit über körperliche Liebe hinaus, selbst wenn ein Orgasmus der Paradefall des Einswerdens zweier Menschen und in der möglichen Einheitserfahrung auch das höchste Ziel des Menschseins ist. Himmlische Liebe meint Erleuchtung – und kosmisches Bewusstsein einen Orgasmus mit der Schöpfung. Zu guter Letzt läuft alles auf Resonanz hinaus, alles schwingt mit allem, und nichts ist ausgeschlossen – Leben in *Ein*klang.

7
Nutzen bringen

Ein Spiel mit der Resonanz des Atems zwischen Partnern im Schlaf mag uns als Modell für die Möglichkeiten dienen, mit Resonanz Wirkungen zu erzielen und Felder aufzubauen. Das heißt, wer viel später zu seinem bereits schlafenden Partner ins Bett kommt, kann sich in Löffelchenstellung ankuscheln und sich dem Atemrhythmus des Schlafenden anpassen. Wenn Gleichklang beziehungsweise Resonanz eingetreten ist, kann der wache Partner seinen eigenen Atemrhythmus langsam verändern, und der Schlafende wird ihm darin folgen, ohne es zu merken.

Solches Mitnehmen in andere Resonanzen lässt sich natürlich auch missbrauchen und wird keineswegs nur für liebevolle Zwecke genutzt. Hier geschieht viel Manipulation. Erinnert sei nur an die Felder, die Diktatoren zum Zweck des Machterhalts aufbauen. Auch bei Wahlkampfreden geht es stets mehr um Resonanz als um Information. Das Ziel ist, Stimmung zu machen, um ein Feld der

Zustimmung aufzubauen und Stimmen zu sammeln. Letzteres lässt sich – nachweislich – viel eher über Emotionen und Resonanz als durch Information erreichen.

Alles, was brauchbar ist, kann – laut Polaritätsgesetz – ebenso missbraucht werden. Andererseits besitzt alles, was eine dunkle Seite hat, auch eine helle. In der Resonanz liegen ja grundsätzlich immer die beiden Möglichkeiten, Nutzen zu bringen oder Schaden zu stiften. Menschen in Resonanz zu versetzen, ist folglich eine Kunst mit zwei Seiten: Man kann Menschen einerseits in heilende Resonanz durch entsprechende Rituale bringen – dazu gehörten unter anderem auch die Amulette alter Indianermedizin oder schamanische Riten –, andererseits genauso in gewalttätige Resonanz, wie es Diktatoren vorexerzieren. Da wir so oft Opfer der schädlichen Seite von Resonanzfeldern werden, etwa in der Politik oder auch in der Werbung, ist es nur intelligent, sich aktiv die positiven Seiten zunutze zu machen, wozu dieses Buch anregen möchte. So lassen sich durch Resonanz Felder für Heilung von Mensch und Umwelt sowie Begeisterung für Gott und die Einheit schaffen.

Obwohl die Vernunft es sehr schwer hat, sich gegen bestehende Felder zu behaupten, etwa gegen das über Manipulation vonseiten der Modeindustrie aufgebaute Figurideal der Magersucht, lässt sich auch ein Feld für gesunde, natürlich schöne Körper schaffen. Zu diesem Zweck bewährt es sich, Lust auf Bewegung zu machen, wie sie Teenies bei Jennifer Lopez lieben, und nebenbei zu erkennen, wie weiblich deren Figur ist. Ein Feld für gesunde, anregende weibliche Formen und Figuren zu realisieren, ist eine große, lohnende Arbeit, die ich mit *Der Körper als Spiegel der Seele*[6] begonnen habe. Dazu wären Millionen von Frauen notwendig, die zuerst erkennen und anschließend ausdrücken, wie viel Freude es macht, in einem weiblichen Körper das Frausein tanzend und mit weiblichem Schwung und entsprechenden Schwingungen zu genießen.

Felder im sozialen Umfeld aufzubauen, kostet Zeit und Energie, wie ich aus der Erfahrung mit dem Feld ansteckender Gesundheit weiß. Wie viel einfacher und ebenfalls wirksam ist es, sich harmonisierender Felder zu bedienen, die heute als Schwingungsmuster auf Chips gespeichert werden können. Im Hinblick auf Adolf Wiebeckes *Welle* lassen sich die entsprechenden positiven Ergebnisse inzwischen auch wissenschaftlich belegen.[7]

Die Konsequenzen sind ambivalent. Natürlich könnten wir uns nur noch mit schönen Dingen umgeben und beschäftigen, in dem Ziel, mehr von diesen positiven Qualitäten anzuziehen. Das wird auch gelingen – es sei denn, das Polaritätsgesetz steht dagegen, und die Schattenseite wartet hier auf Beachtung und Erlösung. Wer – ohne es zu wissen – noch wichtige Schattenthemen auf seiner Lebensagenda hat, wird sie durch all das bewusst gewählte Schöne geradezu herausfordern und heraufbeschwören. Die Gefahr besteht, nur falsche Erwartungen zu nähren. Dann

---

6 Siehe Dahlke, *Der Körper als Spiegel der Seele*, Goldmann Tb, München 2009.
7 Siehe das entsprechende Kapitel in Dahlke, *Das große Buch der ganzheitlichen Therapien*, Integral, München 2007.

kommt es zu jener Situation, dass sich Positiv-Denker und Affirmations-Akrobaten beschweren, das Gesetz der Resonanz oder Anziehung wirke bei ihnen nicht (mehr). Dabei funktioniert es natürlich, nur hat das der Polarität Vorrang, wie in *Die Schicksalsgesetze*[8] beschrieben.

Dabei lässt sich das Wissen um die beiden Gesetze wundervoll verbinden. Während wir uns mit schönen und entwicklungsfördernden Themen und Ideen in Resonanz begeben, können wir für das Auftreten des Gegenpols offen bleiben. Es entspricht dem christlichen Weg, der es in seinem Kernsatz „Liebet eure Feinde" deutlich macht. Hier fordert Christus zu Liebe und folglich zu Resonanz gegenüber dem auf, was uns widersteht und als Feind erscheint – wissend, dass gerade dort unser größtes Wachstumspotenzial liegt. Wenn es uns gelingt, mit unseren Feinden in Einklang zu kommen und mitzuschwingen, können wir uns mit ihnen und den durch sie repräsentierten Themen aussöhnen.

Öffnen wir uns also den schönen Aspekten der Welt, und bleiben wir zugleich offen für den Gegenpol, dann können uns auch das sogenannte Böse und das Hässliche nicht überraschen und hinterrücks überfallen. Wir sind darauf gefasst. Analog dazu sollten wir bei jeder Form von Meditation große Offenheit für Erleuchtung und Einheit aufbringen, aber auch auf alles gefasst sein, was der Einheit noch im Weg steht.

---

8   Ruediger Dahlke, *Die Schicksalsgesetze. Spielregeln fürs Leben: Polarität – Resonanz – Bewusstsein*, Goldmann, München 2009.

8

Wahrnehmung oder Die Wirklichkeit hinter unserer Wirklichkeit

Viele von uns haben keine direkte Erfahrung im Wahrnehmen von Schwingungsfeldern. Die Wenigsten verstehen es, mit einer Wünschelrute umzugehen oder das Magnetfeld der Erde bewusst zu spüren. Dabei wären die meisten Menschen dazu in der Lage, wie einfache Experimente zeigten. Verbindet man zufällig ausgewählten Personen die Augen, lässt sie sich in einem dunklen Raum um die eigene Achse drehen, bis sie keine Orientierung mehr haben, und bittet sie anschließend, sich mit zur Seite ausgestreckten Armen im Sinne einer Kompassnadel in Nord-Süd-Richtung aufzustellen, stehen neunzig Prozent richtig – obwohl die meisten nicht daran glaubten, es zu können. Unsere intuitiven Fähigkeiten sind diesbezüglich also deutlich besser, als wir es uns zutrauen.

So finden auch Menschen, die aufgrund ihrer seelischen Verweigerungshaltung Wachstumsprobleme auf der Körperebene ausleben müssen, statt sie auf der Bewusstseinsebene zu bearbeiten, oft intuitiv genau jene Störzonen, wie etwa Wasseradern, die sie für ihre Prozesse benötigen. Solche Umstände helfen ihnen, die Thematik – in Gestalt etwa eines Tumors – auf der Körperbühne abzubilden. Auch die nach der Wasserader nächst gefährliche Störzonenkreuzung finden sie intuitiv, wenn sie aufgefordert werden, ihren Schlafplatz zu wechseln. Im negativen Sinn kommt die Intuition oder der Sechste Sinn also bereits effektiv zum Tragen. Im positiven Sinn können wir uns auf diesen Sechsten Sinn jedoch ebenso verlassen und die damit verbundenen Möglichkeiten aufgreifen.

Bevor ich mein erstes Haus baute, ließ ich verschiedene Rutengänger den Bauplatz testen und staunte über deren beeindruckende Übereinstimmung beim Orten der einen relevanten Wasserader. Die Treffsicherheit lag bei neunzig Prozent und war damit kaum geringer als beim Diagnostizieren von Röntgenbildern.

Als Junge erlebte ich, wie man im Park meines Großvaters den Verlauf einer Wasserleitung feststellen wollte. Da keine Pläne mehr auffindbar waren, packte der beauftragte Bauunternehmer zwei Kupferruten aus. Er selbst sei zum Muten zwar nicht begabt, sagte er, aber wir anderen sollten doch mal unser Glück versuchen, bevor das ganze Gelände aufgegraben werden müsse. Die Ergebnisse waren wenig überzeugend, so dass auch mir, der ich mich lautstark über derlei Humbug lustig gemacht hatte, die beiden Drähte in die Hand gedrückt wurden. Zu meinem großen Erstaunen konnte etwas in mir, von dessen Existenz ich damals nichts wusste, die Wasserleitung sicher orten – die Arbeiter fanden sie genau dort. Trotzdem habe ich mit Ausnahme von wenigen späteren Pendelversuchen dieser Anlage bei mir selbst niemals genug vertraut, um sie einzusetzen. Aber ich erlebe, wie andere, etwa Adolf Wiebecke, damit sehr erfolgreich arbeiten und heute sogar zu wissenschaftlich verifizierbaren Aussagen kommen.

Unsere bekannten fünf Sinne und obendrein unsere Logik sind gegenüber unserem sechsten Sinn nicht annähernd so verlässlich, wie wir gemeinhin annehmen. Der Weg nach Hiroshima und Nagasaki oder nach Tschernobyl und Fukushima wurde von hochintelligenten, im höchsten Maß vernunftbegabten Wissenschaftlern geebnet und ist mit Nobelpreisen gepflastert. Experten und Wissenschaftler haben immer wieder genau jene Arten von GAU ausgeschlossen, die später dennoch eintraten. Kurz bevor die Welt untergehe, werde uns ein Experte erklären, dass dies wissenschaftlich vollkommen unmöglich sei, meinte dazu sinngemäß Peter Ustinov.

Auf Intelligenz und Vernunft ist offensichtlich nicht unbedingt viel Verlass. Den fünf Sinnen, von denen wir hoffen, sie beisammen zu haben, ist ebenfalls viel weniger zu trauen, als die meisten glauben. Wir können uns in Wirklichkeit gerade nicht auf sie verlassen. Es beginnt damit, dass wir überhaupt nur einen sehr engen Bereich des elektromagnetischen Wellenspektrums zwischen Infrarot und Ultraviolett sehen und nur einen ähnlich kleinen Bereich hören können. Die Gefahr ist, alles, was wir nicht direkt über die Sinnesorgane wahrnehmen, zu übersehen und zu überhören. Bezüglich des UV-Lichtes führt dies zu vergleichsweise harmlosen Sonnenbränden; bei den im Spektrum folgenden Röntgenstrahlen kann es dagegen schon Krebs bedeuten. Die Tatsache der enorm hohen Erkrankungswahrscheinlichkeit unserer Bevölkerung an Krebs – selbst die Schulmedizin spricht von fünfzig Prozent – lässt hier noch Schlimmeres ahnen. Beim Hören ist unsere Beschränktheit kaum geringer; bereits Mittel-, Kurz- und Ultrakurzwellen (UKW) können wir nur noch mittels Apparaten wie Radios hören.

In Bereichen, die wir tatsächlich hören und sehen, werden wir darüber hinaus oft Opfer einer Fülle von Täuschungen. Ihnen sitzen wir umso sicherer auf, je mehr wir glauben, wirklich *wahr*zunehmen. Längst nicht alles, was wir *wahr*nehmen, ist auch *wahr*haftig wahr. Ein einfaches Daumenkino, die Vorstufe des Films, bei dem wir die Seiten eines kleinen Buches schnell unter dem Daumen durchblättern, verrät, wie die Trägheit unseres Auges die Illusion bewegter Bilder entstehen lässt. Alle Filme beruhen auf stillstehenden Bildern. Die Geschwindigkeit der Projektion vermittelt den an sich falschen Eindruck von Bewegung. Alte Kinofilme mit ihrer geringeren Bilderzahl pro Sekunde machen das recht deutlich.

Doch es kommt noch schlimmer. Unsere Illusion der

eigenen Sichtweise als einzig *richt*iger, die zu objektiven Ergebnissen führen werde, übersteht schon einfache Bildbeispiele nicht. Wer die folgenden beiden parallelen Linien anschaut, wird kaum glauben können, dass sie gleich lang sind.

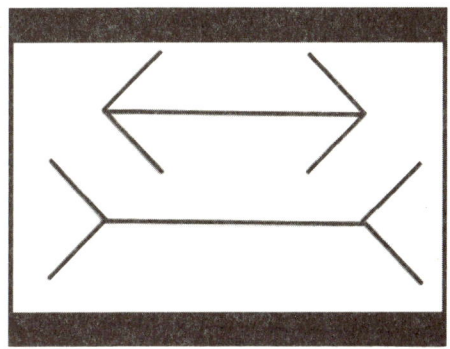

Die Illusion verschiedener Länge entsteht, weil wir beide Linien vergleichen, aber durch die Winkel an ihren Enden in die Irre geführt werden.

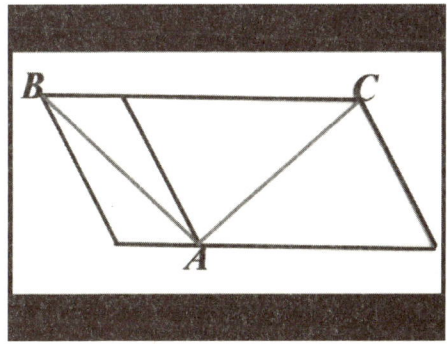

Beim Vergleich der Strecken AB und AC wird in der Regel AB deutlich kürzer eingeschätzt als AC. Beim Nachmessen fliegt dieser Irrtum sofort auf: Sie sind gleich lang. Aber da wir sie nur im Hinblick auf ihre Umgebung einschätzen, täuschen wir uns.

Das nächste Bild zeigt bei normaler Betrachtung ein Chaos von Linien und Mustern. Ein Blick von der Seite verrät dagegen die reale Ordnung und Parallelität der Linien.

Im nächsten Bild spielt uns unser ständiges und fast automatisches Vergleichen einen Streich. Wo sich die schwarzen Balken kreuzen müssten, ergibt sich die Illusion von Strahlen und Leuchten.

Wir erwarten in der Mitte die Schwärze sich kreuzender Balken, und das ganz normale Weiß erscheint uns bei dieser Erwartung heller und strahlender, als es ist. Eigentlich müsste uns klar sein, dass das Papier dieses Buches nicht weißer als weiß sein kann, aber diese rationale Überlegung tritt gegenüber der Wahrnehmungsillusion zurück.

Ähnliches enthüllt im Folgenden der Größenvergleich der beiden mittleren Kreise.

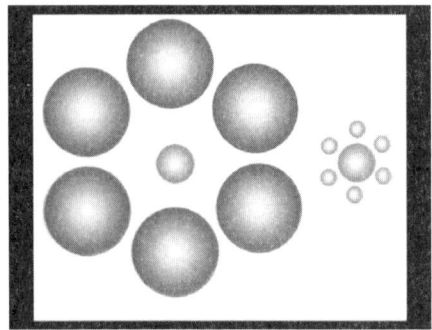

Der linke innere Kreis wird meist als kleiner eingeschätzt, weil seine Umgebung aus größeren Kreisen besteht. Der rechte innere Kreis erscheint größer, da von vergleichsweise kleinen Kreisen umgeben. Die praktische Anwendung dieser Erfahrung ist bekannt: Je großartiger man wirken will, desto kleinkarierter sollte die Umgebung sein.

Unsere Sinneswahrnehmung ist also keineswegs objektiv, sondern sehr subjektiv und obendrein relativ. Drei Haare in der Suppe sind relativ viel, auf dem Kopf dagegen relativ wenig.

Die Desillusionierung lässt sich noch auf vielen anderen Gebieten erleben, denn auch alle scheinbar objektiven Messungen der Naturwissenschaft beruhen immer nur auf Vergleichen. Das zu Messende wird mit der jeweiligen geeichten Skala verglichen, bei der Längenmessung mit dem in Paris aufbewahrten Urmeter aus Iridium. Wir können also immer nur vergleichen und sind deshalb sehr weitgehend von der jeweiligen Umgebung abhängig. Die Heisenbergsche Unschärferelation unterstreicht diese Unsicherheit, indem sie nachweist, dass wir nie gleichzeitig den Standort eines Teilchens und seine Geschwindigkeit bestimmen können.

Das Fazit lautet, dass wir mit dem geringen Ausschnitt aus dem Spektrum der elektromagnetischen Wellen, der uns bei der Wahrnehmung zur Verfügung steht, gar nicht alles erfassen können, was es gibt. Auch bleiben die Schwingungsfelder, um die es uns in diesem Buch geht und welche die Atmosphäre von Plätzen und Orten mitbestimmen, den meisten verborgen. Die Tatsache, dass viele Menschen die Schwingungsfelder nicht wahrnehmen, heißt aber nur, dass sie keine Antenne dafür haben. Es bedeutet nicht, dass sie nicht existieren. Das meiste Andere, das uns umgibt, nehmen wir ebenfalls nicht wahr, und es existiert und wirkt trotzdem. Ultraviolett ist unsichtbar für uns, aber äußerst wirksam auf der Haut. Infrarotstrahlung sehen wir nicht, spüren sie aber sehr wohl als Wärme. Für radioaktive Strahlung haben wir gar keine Sinneswahrnehmung, und erst der entsprechende Krebs ist als ihre Auswirkung wahrnehmbar. Das hat sie mit Wasseradern gemeinsam.

Der Psychobiologe Vernon Mountcastle sagt von wissenschaftlicher Seite bezüglich unserer Wahrnehmung: „Jeder von uns glaubt, eine exakte Sinnesempfindung der Objekte und Ereignisse zu haben. Ich behaupte, dass dies Wahrnehmungsillusionen sind. Jeder von uns lebt in dem Universum, dem Gefängnis seines eigenen Gehirns. Die Sinnesempfindung ist eine Abstraktion, nicht eine Reproduktion der Welt." Wir sollten folglich viel vorsichtiger in der Beurteilung von wahrgenommenen Phänomenen sein und nicht von deren Allgemeingültigkeit ausgehen.

Menschen nehmen insgesamt nicht so sehr viel wahr, und sie unterscheiden sich diesbezüglich noch erheblich voneinander. Dass einige Lebewesen Wahrnehmungsfähigkeiten haben, die andere nicht besitzen, ist unbestritten. Schweine erschnüffeln Trüffeln in der Erde. Hunde spüren in der Aura die Vorankündigung von epileptischen Anfällen, deutlicher als die Betroffenen selbst, was bereits medizinisch genutzt wird. In Korea experimentiert man mit Hunden, die am Geruch eines Patienten erkennen, ob er Krebs hat – wobei Mediziner alten Schlages, wie etwa mein Großvater, meinten, ein richtiger Arzt sollte das durchaus können.

Angesichts dieser allgemein unsicheren Wahrnehmungssituation empfehle ich meine Haltung bezüglich mir verborgen bleibender Phänomene: Was ich nicht kann oder nicht wahrnehme, leugne ich deswegen nicht in seiner Existenz, sondern ich bin dankbar, wenn mir andere auf die Sprünge helfen. Das gilt ganz entschieden für Energien, Felder und Schwingungen im menschlichen und *natür*lichen Bereich.

9
Zwei Übungen zur Wahrnehmung

1.
(Seelische) Wirklichkeit und (äußere) Realität

Es gibt eine recht einfache Übung, die uns Dinge sehen lässt, die in der Realität gar nicht existieren, aber in unserer seelischen Wirklichkeit vorhanden sind. Halten Sie dazu Ihren ausgestreckten Arm mit hochgerecktem Daumen vor sich, und bringen Sie Ihren Daumen zwischen Ihre Augen und einen entfernten Gegenstand. Wenn Sie nun auf den Daumen scharf stellen, werden Sie den Gegenstand doppelt sehen. Stellen Sie aber auf den entfernten Gegenstand scharf, sehen Sie Ihren Daumen doppelt. Diese letzte Erfahrung ist schon die Eintrittskarte in das Reich unwirklicher Wahrnehmung.

Bringen Sie nun mit ausgestreckten Armen beide Daumen zwischen Ihre Augen und den entfernten Gegenstand. Sobald Sie nun in die Ferne scharf stellen, werden Sie vier Daumen sehen. Manipulieren Sie jetzt Augen und Daumen, bis die mittleren Daumen sich überlagern und Sie also nur noch drei sehen. Bleiben Sie nun bei diesem dritten mittleren Daumen, und beobachten Sie, wie er sich in dieser Situation entwickelt. Er könnte geradezu plastisch erscheinen und wirklicher als die beiden äußeren Daumen aussehen. Erstaunlich daran ist, dass er, obwohl er lebendiger und beeindruckender als die beiden äußeren anmutet, gar nicht existiert; die beiden äußeren gibt es hingegen sehr wohl. Wir sehen demnach etwas, das gar nicht in der äußeren Realität existiert, und es erscheint doch in kurzer Zeit eindrucksvoller als die „realen Dinge".

2.
Augen-Mandala-Meditation

In den Veden, den ältesten Schriften des Hinduismus und damit wahrscheinlich der Menschheit, werden Raum und Zeit als die beiden großen Täuscher beschrieben, die uns den Blick auf die Realität verstellen. Im alten Ägypten sprach man vom Schleier der Isis, der die eigentliche Wirklichkeit verhülle, bis die Menschen lernen würden, die Illusion der vordergründigen Welt zu durchschauen.

Das mag unseren Intellekt beeindrucken, doch eigene Erfahrungen wiegen schwerer. Dazu kann die folgende Übung beitragen, die immer zu zweit gemacht wird. Es ist dringend davon abzuraten, sie allein vor dem Spiegel zu versuchen. Psychisch labile Menschen sollten die Übung meiden.

Sie beide sitzen auf Stühlen aufrecht und sich so nahe gegenüber, dass die Knie jeweils die Sitzfläche des anderen Stuhls berühren. Jeder hat ein Knie des anderen zwischen seinen Knien. Nun sehen Sie zehn Minuten lang in das offene linke Auge Ihres Übungspartners. Sie legen Ihren Blick gleichsam in diesem lebendigen Mandala ab, wenn möglich, ohne zu blinzeln. Dabei können sich schon bald Tränen bilden; die Augen werden zumindest feucht.

Diese Kontemplation des lebendigen Augen-Mandalas kann helfen – wenn wach und bewusst durchgehalten –, die Illusion von Zeit und Raum für Momente zu überwinden. Das Auge Ihres Gegenübers mag eigenartig verschwimmen und eine unerwartete Lebendigkeit entwickeln. Wer seinen Blick ruhen lässt, kann wahrnehmen, wie sich im Umfeld des Auges allmählich auch das Gesicht des Gegenübers verändert im Sinne von verblüffendem Altern, so dass Sie möglicherweise weit voraus in die Zukunft dieses Menschen schauen und ihn bereits als Greis(in) erleben. Aber genauso gut kann es sich verjüngen und die Vergangenheit wieder lebendig werden lassen, bis hin zu jenem Babygesicht, mit dem dieser Mensch die Lebensreise begonnen hat.

So beeindruckend solche Erfahrungen im Sinne von Zeitreisen auch sein mögen, sie können Abwehrreaktionen heraufbeschwören, wie das Schließen der Augen oder ein Lachen. Beides beendet die Übung und hat am ehesten mit Angstabwehr zu tun.

Die Übung kann sogar noch einen Schritt tiefer gehen und die Qualität der Wahrnehmung völlig verändern, so dass ganz andere Gesichter, die normalerweise verborgen bleiben, auftauchen. Hier eröffnen sich andere (Lebens-) Räume, und es können sich engelhafte Züge zeigen. Im Sinne der Polarität kann jedoch auch der Schatten mit dämonischen Aspekten durchscheinen.

Solche Erfahrungen mögen sehr beeindrucken und tief berühren, aber auch Angst heraufbeschwören. So lassen sich Schattenmanifestationen auf den Partner projizieren, während man Engel-Erscheinungen gern auf sich bezieht. In jedem Menschen finden sich natürlich beide Seiten. Entscheidend ist, sich klarzumachen, dass solche Übungen an der Wirklichkeit gar nichts ändern. Sie zeigen lediglich tiefere Ebenen, was schon als erschreckend empfunden werden mag.

Ganz ähnlich können dafür Begabte in Räumen, etwa in einem Zimmer oder an einem Platz in der Natur, erkennen, was dort in der Vergangenheit liegt, und sogar, was dort die Zukunft bietet. Wieder andere sind in der Lage, die Energiesituation von Orten zu spüren.

Wer eines Menschen Feld in der Zeit erfährt und erlebt, wie er ihn auf der Zeitachse in verschiedenen Stadien seines Lebens wahrnehmen kann, wird dadurch eine Bewusstseinserweiterung erfahren und sein eigenes Gefühl zur Zeit möglicherweise relativieren. Wer die beiden Seiten des Wesens eines anderen erlebt, wird einen erweiterten Zugang zur Polarität erhalten, wobei es von der eigenen augenblicklichen Resonanz abhängt, ob er mit Engels- oder Teufelsgesichtern in Kontakt kommt.

Wer eine tiefere energetische Dimension eines Ortes spürt oder sogar konkrete Angaben dazu machen kann, ist nicht so weit von diesen Erfahrungen entfernt. Die meisten Radiästhesisten gehen, wie erwähnt, davon aus, dass fast jeder diese Fähigkeiten grundsätzlich hat und sie durch Übung weiterentwickeln kann.

Solche Spiele mit der Wahrnehmung könnten uns zeigen, wie dünn das Eis der Zivilisation ist, das uns von unseren tieferen Schichten, unserer archaischen Vergangenheit mit ihren Ahnungen aus dem Reich der Ahnen, trennt. Unsere Vorfahren haben offensichtlich ihre Häuser nicht auf Störzonen gebaut, sondern für harmonische und geordnete Wohnverhältnisse gesorgt. Wenn wir heute feststellen, dass in Orten, wo Störche nisten, mehr Kinder geboren werden, kann das als Witz und Warnung in Statistik-Vorlesungen dienen. Es könnte uns – bei etwas tieferer Überlegung – auch etwas tiefer blicken lassen. Störche nisten niemals in modernen Dörfern oder nur sehr selten auf modernen Häusern; sie bevorzugen alte Dorf- und Hausstrukturen, deren Baumeister eben Störzonen gar nicht bebauten. Auf Störzonen hingegen dürfte es sowohl viel schwerer fallen, gesund zu bleiben, als auch Kinder zu empfangen. Insofern wäre es bei unerfülltem Kinderwunsch empfehlenswert, zumindest kurzfristig zu einem naturnahen Lebensrhythmus zurückzukehren, den Organismus mit Fasten zu reinigen und sich Entspannung und Regeneration zu ermöglichen sowie vor allem einen energetisch intakten und jedenfalls ungestörten Wohnort zu wählen. Aus dieser einfachen Überlegung ergeben sich erhebliche Konsequenzen für Gesundheit und Heilung.

10

Wie geschieht Heilung?

Wir können noch immer keine klare und einfache Antwort darauf geben, wie Heilung wirklich geschieht. Doch es lohnt sich, einen Blick auf die medizinischen Konzepte unserer Vorfahren zu werfen. Es ist noch nicht so lange her, da nannte man ein Heil-mitte-l *Re-Medium*, was lateinisch für „zurück zur Mitte" steht. Die Bezeichnung *Rescue Re-medy* aus der Bachblütentherapie erinnert noch daran. Unser deutsches Wort *Mitte-l* lässt ebenfalls die Mitte mitschwingen, in der wir bis heute Heilung finden können und in der wir letztlich auch immer schon heil sind. Dauerhaft in der Mitte ruhend, fühlt sich das Leben heil und manchmal sogar heilig an.

Als in früheren Zeiten die Religion noch das Leben der Menschen bestimmte, waren alle auf dem Weg zum Heil und damit zur Mitte. Eine *Medi-zin*, die dorthin zielte, stand Seite an Seite und auf einer Ebene mit *Medi-tation*. Wenn jemand bei der Suche vom Weg abkam, hielt man ihn für krank und sprach von Sucht. Das mittelhochdeutsche Wort für Krankheit hieß überhaupt *suht*, was schon wie Sucht ausgesprochen wurde. Noch heute benutzen wir den Ausdruck Gelbsucht für Hepatitis. Mein Großvater sprach als Arzt noch ganz selbstverständlich von Schwindsucht, wenn er Tuberkulose meinte. Eine weitere Generation früher war die Epilepsie noch als Fallsucht bekannt und die agitierte Psychose als Tobsucht, Anämie als Bleichsucht und Ödemneigung als Wassersucht. In noch älteren Zeiten galten auch Hab- und Eifersucht als schwere Süchte und damit Krankheiten. Jedenfalls enthüllten sie schwere Zielverfehlungen auf dem Lebensweg.

Die Medi-zin, die – *nomen est omen* – den gleichen Wortstamm wie Medi-tation aufweist, versuchte lange, die Menschen zu ihrer Mitte zurückzuleiten und mit ihr auszusöhnen. Nur hier, in der eigenen Mitte, konnte man nach alter Auffassung Heilung finden. Ob dabei Heil-Mitte-l im Sinne eines Re-mediums notwendig wurden oder „nur" Wegweisung erforderlich war, blieb gleichgültig, und natürlich war die Religion ein wichtiges Hilfs-mitte-l zur (Wieder-)Erlangung der Mitte.

Heiler sind demnach alle, die den Weg zur Mitte weisen oder Menschen helfen, ihre Mitte wiederzufinden, letztlich also auch Priester. Hier liegt die Wurzel der Idee von Priesterärzten. Sie wirkten nicht nur in der Vorzeit, sondern bestimmten auch die Medizin der frühen Antike. Beispiele sind Asklepius bei den Griechen und sein mythischer Vorgänger, der Zentaur Chiron.

Tatsächlich war auch für jeden von uns die eigene Mutter bereits eine wundervolle Heilerin, die uns vom ersten Lebenstag immer wieder beruhigte, wenn wir außer uns waren. Solange sie in ihrer Mitte blieb und wir auf ihrem Schoß wieder zur Besinnung kommen konnten, war alles in Ordnung und der Heilung Tür und Tor geöffnet. Darüber hinaus konnte sie selbst bei Wunden und Schmerzen mittels sanftem Darüberblasen, mantrischen „Heile-heile-Gänschen"-Gesängen, Streicheln und Auflegen ihrer ebenso beruhigend wie heilend wirkenden Hände von Leid erlösen.

Natürlich können wir selbst all das ebenfalls. Mit sanften Streichungen lässt sich die Aura wieder reparieren. Es ist sogar wissenschaftlich belegt, dass in heilender Absicht gegebene Berührungen helfen. In den USA werden Frühgeburten in Brutkästen von eigens zum sogenannten Baby-Handling angestellten Pensionisten stundenweise gestreichelt, um ihre Überlebenschancen nachweislich zu erhöhen. Die Krankenschwester Dolores Krieger belegte für ihre *Therapeutic Touch* genannte Methode ebenfalls die Heilkraft menschlicher Hände auf wissenschaftliche Weise. Wobei das Wort Methode hier schon überstrapaziert ist, denn es geht dabei „nur" um häufiges sanftes Anfassen. Wir alle werden gern berührt, auf unserer Haut und in unserer Seele – und offenbar heilt beides.

Wer es nicht mehr weiß oder spürt, dass wir alle Heiler sind, kann es von der Schulmedizin erfahren. Diese besteht im Hinblick auf die Objektivität ihrer wissenschaftlichen Forschungen auf sogenannten Doppelblindstudien. Darunter ist zu verstehen, dass weder die daran teilnehmenden Ärzte noch die Patienten wissen, womit sie gerade behandeln beziehungsweise behandelt werden. Das sei unbedingt notwendig, erläutern Wissenschaftler, um objektive Ergebnisse zu erhalten. Andernfalls würden diese nämlich durch die Selbstheilungskräfte des Patienten und die heilende Kraft der Droge „Arzt" beeinflusst. Damit beweisen Schulmediziner indirekt und seit langem, dass es diese beiden Kräfte gibt und dass sie entscheidend an allen Heilungen beteiligt sind. Werden sie nicht ausgeschaltet, verfälschen sie jedes wissenschaftlich objektive Ergebnis.

Letztlich kann jede Heilung immer nur Selbstheilung sein. Homöopathische Mitte-l sind natürlich und ganz bewusst immer nur der Anstoß zur Selbstheilung. Das ist, angefangen bei Hahnemann und bis hin zu modernen Homöopathen, auch allen bekannt. Dieses Wissen verhindert im Übrigen die Entwicklung von Selbstherrlichkeit und Selbstüberschätzung. Und auch in der Schulmedizin kann die Medi-kation immer nur den Organismus in seinen Regenerationsbestrebungen unterstützen. Am deutlichsten wird das heute bei schwersten medizinischen Problemen, wenn Schulmediziner Zuflucht zur alten Idee des Tempelschlafes nehmen und einen Patienten ins künstliche Koma versetzen. Sie hoffen dann auf die Selbstheilung, auf die eigenen Regenerationskräfte des Organismus, der jetzt alle Energie in Richtung Gesundung im Sinne der Wiederherstellung der inneren Ordnung lenken kann.

Sobald Patienten Fieber hatten, rieten Ärzte früher zur Ruhe, damit die mit jedem Grad Fieber sich verdoppelnden Abwehrkräfte noch bessere Chancen bekamen und keine Energie bei anderen Aktivitäten verschwendet wurde. Demgegenüber sind fiebersenkende Mitte-l schädlich, weil sie den Organismus in seinem Bestreben der Selbstheilung sabotieren. Wenn Schulmediziner heute Antibiotika geben, wollen sie damit die eingedrungenen Bakterien so weit schädigen, dass die körpereigenen Abwehrkräfte wieder die Oberhand gewinnen. Bei allen schulmedizinischen Unterdrückungsmaßnahmen gegen Krankheitssymptome steht so letztlich immer die Hoffnung im Hintergrund, der Organismus werde dadurch gegen seine Feinde gestärkt, und seine Selbstheilungskräfte könnten wieder die Oberhand gewinnen.

Die Naturheilkunde unterstützt den Organismus nur direkter und bewusster in diesem Bestreben. Sie fordert ihn oft heraus, sich zu wehren und zu seiner eigenen Kraft zurückzufinden, etwa bei den Kneippschen Anwendungen. Kneipp war im Übrigen einer der letzten Priesterärzte und mit seinen Reiztherapien seiner Zeit in vielem weit voraus. Andererseits erschien er wie ein Relikt aus längst vergangenen Zeiten, als die Ärzte weniger tun konnten und deshalb mehr auf die Heilkraft der inneren Natur setzten.

Der verbundene Atem, jene Atemmethode, mit der wir seit drei Jahrzehnten unsere Psychotherapie vertiefen, unterstützt den Organismus in jeder Sitzung mit so viel zusätzlicher Lebensenergie (Prana), dass er alte Baustellen sanieren kann. Der Patient vermag damit neue seelische Ebenen zu erobern.

Am deutlichsten wird die Selbstheilungskraft beim Fasten, bei dem die bezüglich der Verdauungsarbeit eingesparte Energie für Regenerations- und Reparaturarbeiten frei wird. Gibt es gerade nichts zu reparieren und zu regenerieren, spüren Fastende dieses Plus an Energie in der sogenannten Fasten-Euphorie. Sie fühlen sich *zum Bäumeausreißen*. Kann man sie daran hindern, steht die zusätzliche Energie für eine verfeinerte Wahrnehmung energetischer Erlebnisse und für Bewusstwerdungsprozesse – ähnlich wie beim verbundenen Atem – zur Verfügung, weshalb sich beide Verfahren auch so wundervoll ergänzen.

Die alte Medizin vertraute noch völlig auf all diese inneren Kräfte, wenn sie formulierte „*Medicus curat, natura sanat*" („Der Arzt pflegt, die Natur heilt"). Welche Natur außer der eigenen inneren könnte das sein? Auch Geistheiler, sofern sie sich nicht gerade auf einem Ego-Trip verloren haben, wissen um diese Selbstverständlichkeit. Ärzte, Heiler und auch alle anderen Therapeuten können immer nur für die Rahmenbedingungen sorgen, die Heilung ermöglichen. Die Behandler müssen also in diesem Sinne alles tun, um den Patienten in eine Verfassung zu bringen, in der er seinen Selbstheilungskräften erlauben kann, das anstehende Problem zu lösen. Je besser und rascher er in seine Mitte gebracht wird, desto unterstützender. Insofern kann eine Einheitserfahrung beim verbundenen Atem oft mehr nutzen als ein Gespräch, und dieses am meisten, wenn es die Dinge auf den Punkt bringt, am besten auf den Mitte-lpunkt des Patienten, und diesen in den Moment des Jetzt. Kommt ein Patient in diesem Augenblick zu sich und erkennt sich, kann über sich schmunzeln oder gar lachen, ist schon viel geholfen.

Wer mit solch sensiblen und gerade deswegen hochwirksamen Methoden arbeitet, weiß, wie wichtig in energetischer Hinsicht auch der Behandlungs- beziehungsweise Meditationsraum ist. Seit Jahrzehnten fällt uns auf, wie viel leichter es ist, Patienten in energetisch ungestörten Räumen zurück zu ihrer Mitte zu bringen.

Der vielbesungene Augenblick des Hier und Jetzt ist genauso entscheidend bei Heilungen. In jedem Moment wird alles neu geschaffen, so die moderne Physik. Auf diesem Konzept bauen Systeme wie *Quantenheilung* auf. Die Frage ist nur, ob sich der Patient in diesem Moment und am besten generell von allem Vergangenen, letztlich von seiner Vergangenheit, frei machen und lösen kann. Langfristig gilt wohl eher die Aufforderung von Elisabeth Kübler-Ross, die *unerledigten Geschäfte* so weit abzuschließen, dass sie einen freigeben. Das ist auch ein wesentlicher Grund für die Reinkarnationstherapie, mit deren Hilfe die Vergangenheit so weit aufgearbeitet wird, dass man von ihr loslassen kann und frei wird für diesen jeweiligen Augenblick.

Letztlich ist es wahrscheinlich sogar gleichgültig, ob wir glauben, göttliche Kräfte würden uns durchfließen und Heilung ermöglichen oder es seien eigene Energien, die solches bewirken. Letzteres birgt die Gefahr der Hybris in sich. Da aber nach christlicher Auffassung das Himmelreich Gottes in uns liegt, könnte es also auch die göttliche Kraft aus dem eigenen Inneren sein, die heilende Wirkungen entfaltet. Anhänger des Vajrayana-Buddhismus machen keinen Unterschied zwischen Außen- und Innenwelt. Sie halten beide für identisch und ersparen sich dadurch diese Polarisierung.

Lediglich für die Entwicklung des Arztes, Heilers oder Therapeuten selbst ist es von erheblichem Unterschied, ob er Gott, eine übergeordnete Energiequelle oder sich selbst für die Ursache von Heilung hält. In letzterem Fall wird das sich solcherart aufblähende Ego irgendwann zum Problem. Daher ist es unbedingt gesünder, sich eher als Werkzeug denn als Quelle der Heilung zu sehen.

Wie Heilung letztlich funktioniert, weiß auch die Schulmedizin nicht wirklich und schon gar nicht genau. Sie liefert lediglich Umschreibungen und Erklärungsmodelle. Am plausibelsten bleibt für mich die Vorstellung, dabei den Organismus oder besser noch die Seele in Stand zu setzen, sich selbst zu helfen und aus eigener Kraft wieder für Ordnung zu sorgen. Erlaubt man – im Sinne von *Krankheit als Symbol* – der Seele, eine Situation zu durchschauen und darüber hinauszuwachsen, löst sich ein Problem wie von selbst. Dieser Lösungsprozess lässt tatsächlich die Abwehrkraft erstarken, und dies sorgt dafür, dass sich der Konflikt via Immunsystem löst.

Ob also Probleme durch zunehmendes Wissen und Erkenntnis gelöst werden, ob dem Organismus Ruhe verordnet wird, so dass er sich erholen und seine Abwehr stärken kann, ob man ihm mittels verbundenem Atem oder bewusstem Fasten Energie zuführt, ob man Heilungsreize über naturheilkundliche Verfahren setzt oder sogar schulmedizinisch Symptome unterdrückt, letztlich ist es immer die Selbstheilungstendenz, die für Ordnung und Regeneration sorgt. Diesbezüglich gibt es ausnahmsweise wenig Unterschied zwischen Schulmedizin, Naturheilkunde, Homöopathie, Psycho- und spiritueller Therapie.

In diesem Sinne bleibt die alte Medizin einer Hildegard von Bingen oder eines Paracelsus weiterhin aktuell, die beide glaubten, es sei immer der *archeus*, der innere Arzt des Patienten, der Heilung ermögliche. Diese vor Hybris schützende demütige Haltung haben inzwischen leider auch viele Naturheilkundler verlassen.

Selbst Chirurgen, die sich mit Recht für die bewerkstelligte Reparatur verantwortlich fühlen könnten, werden manchmal von der Natur eines Besseren belehrt. Ihr alter schrecklicher Spruch „Operation gelungen, Patient tot" illustriert es. Selbst wenn alles technisch ordnungsgemäß und korrekt gelaufen ist, kann der Patient sterben, weil sein innerer Arzt nicht mitspielte und die Reparatur nicht annahm. Mit anderen Worten: Die Seele hat in solch einem Fall die guten Absichten nicht akzeptiert und dieses Leben abgebrochen. Sie versprach sich dann offenbar mehr von einem *Reset* oder *Relaunch*, wie die heutige Zeit Neuanfänge nennt.

Ärzten ist es trotzdem immer sehr angenehm zu wissen, was biochemisch und physiologisch bei einer Genesung passiert. Doch selbst bei vielen schulmedizinischen Mitteln haben wir nicht mehr als eine Ahnung und verabreichen sie trotzdem im Rahmen sogenannter Erfahrungsmedizin. Die Naturheilkunde ist überwiegend Erfahrungsheilkunde, die Psychotherapie ist es praktisch gänzlich. Wir haben bis auf die Erklärungen des Hirnforschers Gerald Hüther auch noch wenig Kenntnis darüber, auf welchem biochemischen Weg Worte und Geschichten heilen. Das heißt, der Schritt von der Psychotherapie zur sogenannten Geistheilung ist in Wirklichkeit gar nicht allzu groß.

Mein Rat ist, so weit es geht, der Natur – unserer eigenen und der äußeren – zu folgen und mit ihr im Einklang zu bleiben im Sinne von Resonanz, und die Spielregeln des Lebens, wie von mir in *Die Schicksalsgesetze* dargestellt, zu akzeptieren und sich ihnen zu unterstellen, um mehr vom Leben zu haben und selbst allmählich heiler zu werden. Damit gelingt es am ehesten, auch anderen Menschen Heilungsimpulse zu vermitteln. Wer in seiner Mitte ruht, strahlt das aus und lädt andere ein, im Sinne von Resonanz ebenfalls in die eigene Mitte einzutauchen – ganz entspannt im Hier und Jetzt, statt völlig verspannt im Wenn und Aber. Dazu kann man sich altgedienter und neuerfundener Rituale bedienen, kann Schulmedizin und Naturheilkunde bemühen. Heilung hängt jedoch immer vom inneren Feld des Patienten ab und wird in einem intakten, in seiner Energie harmonischen Ort leichter vonstatten gehen. Jede Meditation fällt in solcher Umgebung leichter, Rituale sind wirksamer, auch eine Intensivstation wird davon profitieren, wie sich immer besser belegen lässt.

11
Licht und Farbe

Im Bestreben, unser Therapieangebot ständig zu verbessern, sind wir seit langem bemüht, auch subtile Schwingungsbereiche bis in die Sicht- und Hörbarkeit einzusetzen. Die damit gesammelten spannenden Erfahrungen könnten ein eigenes Buch füllen. Einzelne Aspekte dieser Therapien haben sich allmählich ihren Weg zur Anerkennung durch die offizielle Medizin gebahnt, während andere noch weit davon entfernt sind. Manches ist nach anfänglichem Widerstand inzwischen sogar zum schulmedizinischen Standard geworden, wie etwa die »Lichttherapie« bei Depressionen. Insbesondere bei den sich zunehmend häufenden Winterdepressionen ist der Einsatz von Sonnenlicht unbestritten eines der wirksamen und preiswerten therapeutischen Mittel und zudem noch völlig nebenwirkungsfrei. Depressionen konfrontieren die Betroffenen mit der dunklen Schattenseite des Lebens und vor allem mit ihrer Sterblichkeit. Dass hier die Therapie mit Sonnenlicht helfen kann, ist auch für Schulmediziner leicht nachvollziehbar, da sie jener allopathischen Logik folgt, von der die Schulmedizin insgesamt geprägt ist.

Die Depression ist – im Sinne von *Krankheit als Symbol* – relativ leicht zu deuten. Die Patienten ziehen sich, bei mehr oder weniger ausgeprägter Antriebslosigkeit, von allem zurück und geben sich im schweren Fall fast nur noch ihren Selbstmordgedanken hin. Diese Beschäftigung mit dem Tod ist natürlich die anstehende Aufgabe, der die Betroffenen sich in der Regel nur viel zu lange verweigert haben. Allerdings sollte sie auf einer anspruchsvolleren Ebene stattfinden als im Grübeln über Gift oder Gas, Strick oder Kugel, also im Rahmen religiöser, spiritueller oder philosophischer Beschäftigung mit dem Ziel des Lebens, der (Er-)Lösung im Tod. Außerdem ist es wichtig und not-wendig, sich mit der in Selbst*mord*gedanken ebenfalls zum Ausdruck kommenden und gegen sich selbst gerichteten Aggression bewusst auseinanderzusetzen und auszusöhnen. All das verlangt viel seelische Kraft, die jedoch in diesem Zustand oft nur schwer aufzubringen ist.

Viel leichter, als sich homöopathisch mit dem Dunkel auszusöhnen, und von der allopathisch gewohnten Logik auch naheliegender, ist es, sich mit dem Gegenpol zu verbünden und das Dunkel mit Licht zu vertreiben. Wenn die Sonne im Herzen untergegangen und das innere Licht bedroht und manchmal ganz erloschen zu sein scheint, kann äußeres Licht helfen, dem verlorenen Gleichgewicht wieder ein wenig näherzukommen. Damit wird die Lichttherapie hier zu einer fast idealen allopathischen Möglichkeit, weil sie mit dem Licht ein vollkommen natürliches Heilmittel nutzen kann.

Die Erfahrung, dass Licht die Seele freut und erhebt, kennt eigentlich schon jedes Kind vom weihnachtlichen Lichterbaum und seinen vielen Kerzen, die so gern ausgeblasen und noch lieber angezündet werden. Das Spiel mit Feuer und Licht übt auf kleine Kinder große Faszination aus. Aber auch später wünschen wir uns nichts so sehnlich wie Erleuchtung – oder dass uns wenigstens ein kleines Licht aufgehen möge. Wir meinen das dann im übertragenen Sinn und denken an das innere Licht der Erkenntnis. Wenn wir einen Geistesblitz bewusst erleben, genießen wir diesen *lichten* Moment und die daraus folgende Erkenntnis ungemein. Zumindest wird uns das äußere Licht an das innere erinnern, wenn es dadurch auch leider nicht zu ersetzen ist.

Für Menschen, die sich sehr weit von ihrem inneren Licht entfernt haben, dürfte das äußere umso wichtiger und *not*wendiger werden, wie eben für die Depressiven, die in ihrem eigenen Schattendunkel zu versinken drohen. Insofern verwundert es auch nicht, wenn sich im alternativen Gesundheitsbereich der Einsatz von Lampen bewährt hat, die ein dem Sonnenlicht ähnliches Strahlungsspektrum abgeben und das Wohlbefinden der in solchen Räumen Arbeitenden und Lebenden spürbar steigern können. Wer nicht in sonnige Länder entfliehen kann, lässt in der dunklen Zeit des Jahres wenigstens eine Art Ersatzsonne über seinem Schreibtisch aufgehen.

Im Bereich von Therapien auf Schwingungsniveau, wie der mit Licht, scheint die Unterscheidung zwischen homöopathischem und allopathischem Ansatz subtiler und aufwendiger zu werden. Die Homöopathie versucht, sich mit dem jeweiligen Problem auszusöhnen nach dem Motto „*Similia similibus curentur*" („Ähnliches möge Ähnliches heilen"). Deshalb nimmt man Stoffe, die ähnliche Symptome hervorrufen wie diejenigen, unter denen der Patient bereits leidet, befreit diese mittels Verschütteln oder Potenzieren von ihrer stofflichen Form und therapiert mit der übriggebliebenen Information.

Beim Licht spricht aber einiges dafür, dass es bereits von seiner grobstofflichen Form befreit oder erlöst ist. Deutlicher wird dies beim farbigen Licht und bei der sogenannten Farbtherapie. Licht entsteht bei der Verbrennung. Folglich könnte man den verbrannten Stoff als den grobstofflichen Aspekt des Lichtes betrachten, während die frei werdende immaterielle Strahlung sein erlöster Informationsgehalt ist. Insofern ist alles Brennbare in dieser Schöpfung in Stoff geronnenes Licht. Die chemische Analysemethode der Spektroskopie beruht auf diesem Phänomen. Man erkennt an den bei der Verbrennung entstehenden Farben, welcher Stoff verbrannt worden ist. Die ausgesandten farbigen Lichtmuster sind typisch für die verbrannte Materie.

Bei der Farbtherapie – und Farben sind ja Einzelaspekte

des weißen Lichtes – erklärt sich das äußerlich betrachtet allopathische Vorgehen aus dem Komplementären der Farben. Wenn jemand an innerer Kälte leidet, werden wir ihn während der Psychotherapie auf der Liege mit Rotlicht bestrahlen, damit er mehr Zugang zu seiner inneren Energie und Wärme findet. Das klingt allopathisch, da wir das warme rote Licht gegen die innere Kälte richten. Ähnliches passiert, wenn wir einem „heißen Typen" blaues Licht zur Beruhigung geben. Wir kühlen ihn sozusagen.

Da wir wissen, wie Farben zustande kommen, löst sich das Rätsel. Rot entsteht, indem alles Grün aus dem Spektrum des weißen Sonnenlichtes absorbiert wird. Was übrig bleibt, ist der Eindruck roter Farbe. Rot ist die Komplementärfarbe von Grün. Beide zusammen ergeben wieder Weiß – jedenfalls in der Theorie. In der Praxis ist es eher ein helles Grau. Ein mit Rot bestrahlter Patient wird auf der Therapieliege auch rot erscheinen, und wahrscheinlich wird dadurch in ihm auch die komplementäre Farbschwingung angeregt mit deren belebender Grünkraft, wie Hildegard von Bingen sie nannte. Ähnlich nehmen umgekehrt die grünen Pflanzen nicht etwa Grün aus dem Sonnenspektrum auf, sondern das feurige Rot, das ihnen die notwendige Lebensenergie liefert. Grün brauchen sie gerade nicht; es bleibt übrig und lässt sie selbst grün erscheinen.

Die Farbtherapie hat im Übrigen auch in der Schulmedizin seit jeher einen schmalen Einsatzbereich in der Neugeborenenmedizin, der Neonatologie, wenn zu früh und unreif geborene Säuglinge mit UV- und blauem Licht gegen die frühe Gelbsucht, den Neugeborenen-Ikterus, erfolgreich behandelt werden. Selbst wenn diese Methode in der Vergangenheit übertrieben wurde, hat sie doch für schwere Fälle von Neugeborenen-Gelbsucht ihre Bedeutung bewahrt. Damit der zerfallende Blutfarbstoff nicht das Gehirn attackiert und zum gefährlichen Kernikterus führt, der Beschädigung zentraler Gehirnstrukturen, wird mittels blauem Licht der Blutfarbstoff in der Haut so weit zerlegt, dass er gefahrlos weiterverarbeitet werden kann. So weit die schulmedizinische Erklärung. Auf der anderen Seite wird nach oben Gesagtem dabei wahrscheinlich nicht die Qualität von Blau, sondern die der Komplementärfarbe Gelb angeregt, und das unreife Neugeborene bekommt die Sonnenfarbe verabreicht, die ihm Lebenskraft vermittelt.

Ganz abgesehen von solchen Überlegungen, werden wir im Licht und in seinen Farben noch eine Menge Geheimnisse des Lebens finden. In der Physik hat das Licht aufgrund seines Quantencharakters schon einmal das bestehende Weltbild gekippt und zu einem neuen, umfassenderen Verständnis der physikalischen Welt geführt. Die Arbeiten von Professor Fritz-Albert Popp über das Licht enthüllen uns bereits ganz neue Dimensionen auch im Hinblick auf die organische Welt des Lebendigen. Plötzlich beginnen wir zu verstehen, wie entscheidend auch jenes Licht ist, das wir mit der Nahrung zu uns nehmen. Denn wahrscheinlich ist es Licht, das Verbindungen und weitreichende Kommunikation in unserem Organismus herstellt. Aufgrund russischer Forschungen besteht seit längerem die Vermutung, dass Bakterienkulturen mittels Licht miteinander kommunizieren.

In der Psychotherapie hat sich der Einsatz verschiedener Farben zur Unterstützung von Entspannung und Energetisierung bewährt. Noch intensiver geschieht dies bei der vom deutschen Heilpraktiker Peter Mandel entwickelten sogenannten *Farbpunktur*, der Bestrahlung von Akupunkturpunkten mit Farblicht.

12
Klang und Ton

Die therapeutische Wirkung von Tönen ist unbestritten. Immerhin erkennt schon das Ungeborene den Klang der mütterlichen Stimme, und es sind der Ton und der Rhythmus des mütterlichen Herzens, die es beruhigen.

Die menschliche Stimme kann offensichtlich heilen, denn alle Psychotherapie lebt davon. Wobei wir dafür ganz einseitig den transportierten Informationsgehalt und nicht den Klang verantwortlich machen, was bei Themen wie Meditation und Therapie offensichtlich am Wesentlichen vorbeigeht. Bei einer geführten Meditation sind der Klang und Tonfall der Stimme von entscheidender Bedeutung. Eine aufgeregte Stimme kann niemanden in Entspannung versetzen; eine verschlafene Stimme wiederum wird kaum zu Engagement und Einsatz motivieren.

Der eigentliche Bereich der Therapie mit Klang und Ton ist natürlich die Musiktherapie im weitesten Sinne. Die heilende Wirkung von klassischer Musik ist bezeichnenderweise bisher bevorzugt im Kuhstall als im Krankenzimmer belegt worden. Wenn Kühe bei Musik von Bach so viel mehr Milch von höherer Qualität geben, sollte man daraus doch einige Schlüsse ziehen. Eine ähnliche Versuchsanordnung böte sich – mit wenig Aufwand – in jedem Krankenzimmer an. Die Tatsache, dass wir hier so wenig neugierig sind und kaum etwas unternehmen, zeigt, wie sehr wir noch die Wirkungen der Klänge und Töne missachten. Erste Ansätze, klassische Musik einzubeziehen, werden heute allerdings in der Therapie von Legasthenikern gemacht.

Im komplementären und kreativeren Bereich der Heilkunde wird dagegen zunehmend mit Ton und Klang experimentiert. Ständig werden neue Musikinstrumente und Klangmuster auf ihre heilenden Schwingungen hin erprobt. Über die Didgeridoos der Aborigines entdecken wir allmählich auch die einheimischen Alphörner von Neuem sowie alle möglichen anderen obertonreichen Naturtoninstrumente. Es gibt sogar schon aus dem Organismus abgeleitete Tonfolgen und Klangmuster, die sich therapeutisch einsetzen lassen.

Meine Erfahrungen beziehen sich vor allem auf Klangteppiche als Hintergrund zur Psychotherapie. Hierfür sind eindeutig die obertonreichen Klänge sowie Töne von Naturtoninstrumenten geeigneter als synthetische Klänge des Synthesizers. Am allerbesten ist die menschliche Stimme, allerdings nur, wenn sie ganz im Hintergrund bleibt und gerade nicht Inhalte im Sinne von Liedern und Rhythmen übermitteln will, sondern einen Klangteppich webt, der im wahrsten Sinne des Wortes zum fliegenden Teppich wird.

Ein Musikhintergrund ist nach unserer Erfahrung heute bei der Psychotherapie von entscheidender Bedeutung, da sich die Ebene von Trance so wesentlich leichter erreichen und viel besser aufrechterhalten lässt. Wir sprechen geradezu von Trance-Musik, die – wenn sie obertonreich genug ist – den Patienten in subtiler Weise dazu ermutigt, sich auf seinen verschiedenen seelischen Ebenen zu öffnen und seine unterschiedlichen Schwingungen ins Geschehen einzubringen. So verhilft klangliche Trance-Formation zu seelischer Transformation.

Ein Musikstück wie *Trance*[9], bei dem die menschliche Stimme über eine Stunde hinweg mittels Obertongesang einen Spannungsbogen erzeugt, ohne dabei Worte oder ablenkende und die Aufmerksamkeit auf sich ziehende Rhythmen zu verwenden, hat uns diesbezüglich eine neue Dimension eröffnet. Aktuell habe ich mir von einer klassischen Musikerin eine Therapiemusik einspielen lassen.[10] Dabei ertönen Querflöte und Monochord mit einem Frequenzmuster, das der menschlichen Seele besonders zuträglich ist und viele Erfahrungen aus dreißig Jahren Psychotherapie berücksichtigt. Allein diese Klänge können eine bewegende Reise in Trance-Welten ermöglichen und

---

9 Siehe die CD *Trance* von Bruce Werber und Claudia Fried, Rhythmusverlag.
10 Cordelia Loosen-Sarr, *Seelenhauch*, über: www.heilkundeinstitut.at

als wunder-voller Hintergrund für geführte Meditationen dienen.

Die vielleicht schönste Form der Therapie mit Ton und Klang ist das Singen von Mantras, das rhythmische Wiederholen bestimmter, meist heiliger Silben über einen fast beliebig langen Zeitraum. Als spirituelle Übung ist das Mantra-Singen in fast allen Traditionen bekannt, obwohl es im Westen und im christlichen Kulturkreis am wenigsten Spuren hinterlassen hat und natürlich auch nicht so genannt wird. Uns ist beispielsweise das *Halleluja* („Lobet den Herrn") sehr vertraut, und es ist nichts anderes als ein Mantra. Gleiches gilt auch für das *Kyrieeleison* („Herr, erbarme dich"). Inzwischen ist das indische *Om namah Shivaya* (wörtlich: „Ich verneige mich vor Shiva", sinngemäß: „Ich vertraue mich Gott an") bei uns wohl ebenso bekannt und wird möglicherweise sogar schon mehr gesungen.

Wenn man sich dem Singen von Mantras erst einmal hingibt, ganz unabhängig von den eigenen musikalischen und stimmlichen Möglichkeiten, wird man ein eigentümliches, aber positiv beeindruckendes Mitschwingen erleben, das schon bald jeden Zweifel beseitigt, ob Töne und Klänge seelische Wirkungen haben. Durch nichts können Menschen so schnell in ein gemeinsames Feld versetzt werden wie durch das Mantra-Singen, wobei es nicht einmal so wichtig ist, welches Mantra aus welcher Kultur gewählt wird.

Weniges verbindet so sehr wie gemeinsames Singen, das alle Beteiligten in den gleichen Atemrhythmus einbindet und auf eine gemeinsame Ebene bringt. Das gemeinsame Singen im selben Rhythmus verleiht jedem Ritual Wirksamkeit und Kraft, was moderne Menschen oft unterschätzen, und es ist ein Weg, Schwingungen und Felder wahrzunehmen und in sich wiederzufinden.

Die therapeutischen Wirkungen von Klang und Ton werden auch durch das Trommeln deutlich erfahrbar. In fast allen frühen Kulturen dieser Welt haben die Menschen getrommelt, wie wir heute noch an den letzen Resten archaischer Stammesgemeinschaften sehen können. Diese Kulturen unterschieden nicht die (Berufs-)Gruppe der Musiker wie wir heute, sondern jeder war selbst auch ein Musiker, und zwar ein Trommler. Dass dieses Trommeln auch uns noch in den Knochen steckt, erleben wir, wenn wir etwa zur Radiomusik mitwippen und im Auto an der Ampel wartend den Rhythmus eines noch so anspruchslosen Schlagers auf das Lenkrad trommeln.

Bei Meditationen mit dem verbundenen Atem haben wir in Seminaren oft erlebt, welch verblüffende Wirkung es auf die Teilnehmer hat, wenn dazu live die Trommel geschlagen wird. Trommelklänge vermögen ekstatische Erfahrungen in uns zu wecken, wie von den Schamanen-Trommeln seit langem bekannt ist. Der Rhythmus der Trommel zieht uns schnell in seinen Bann; keine andere Musik wirkt so auf unser Becken, das ja schon den Namen eines trommelähnlichen Musikinstrumentes trägt.

13
Erde und Wasser

Ekstase ist ein heute weitgehend verkanntes Lebensthema, das wir nicht dem Schattenreich überlassen sollten, denn auch Rausch und Ekstase hatten stets eine lichte Seite. Licht und Farbe, Klang und Ton sind und waren immer geradezu magische Mittel auf dem Weg zu uns selbst. In den modernen Disco-Tempeln versuchen sich das geschickte Veranstalter zunutze zu machen, um ekstatische Nächte mit rauschhafter Begeisterung zu bieten.

Da wir nun wissen, dass Licht- und Tonschwingungen so entscheidend auf unsere Lebensstimmung einwirken, liegt es nahe, noch einen Schritt weiterzugehen und auch die Schwingungen des Raumes ins Auge zu fassen. Grundlage dafür sind unsere Erfahrungen mit der aus Adolf Wiebeckes Forschungen hervorgegangenen *Welle*, die dazu dient, das Raumklima sowohl im Wohn- als auch im Arbeitsbereich zu verbessern. Die positiven Wirkungen sind inzwischen vielfältig dokumentiert worden.

Wenn wir den Himmel über uns, das Luftreich, zu entstören trachten, liegt es natürlich nahe, Ähnliches mit dem Erdreich unter uns zu tun. Dank der Pionierarbeit von Adolf Wiebecke können wir uns zudem die Schwingungen von Kraftplätzen zunutze machen und ihre Schwingungsfrequenzen durch eine neue Chip-Technik fast beliebig übertragen.

Wie hilfreich die Entstörung des Bodens ist, auf dem wir wohnen, arbeiten, leben und meditieren, zeigen die aktuellen Erfahrungen in unserem neuen Zentrum TamanGa in der Südsteiermark. Dort haben wir jedes Brett der Parkettböden mit entsprechender Information bestückt. Persönlich verlasse ich mich auch auf ähnlich informierte Schuhsohlen. Und natürlich gibt es keinen Grund, nicht auch die Betten und Matratzen auf diese Weise zu präparieren, wobei hier natürlich eher beruhigende Schwerpunkte zu setzen sind. Inzwischen gehen unsere Pläne noch weiter, und wir werden auch die Schwingungen von Heilquellen nutzen, um uns und unseren Patienten zu helfen. Immerhin fällt auf, dass fast alle archaischen Völker solche besonderen Quellen kennen und bis heute Wasser herausragender Qualität zu Heilzwecken genutzt wird, angefangen von der Quelle in Lourdes bis zum Wasser des Ganges. Besonders bei Letzterem ist es naheliegend, sich auf diese immaterielle Ebene der Schwingungslenkung zu verlassen, da die materielle mit Hygieneproblemen belastet ist.

Schon der Vorsokratiker Thales von Milet ging davon aus, dass alles Leben aus dem Wasser kommt, was unsere Naturwissenschaft heute bestätigt. Wir werden uns in Zukunft noch viel mehr mit Wasser beschäftigen müssen, einfach weil so viele Chancen für unsere Gesundheit darin liegen, aber auch weil Wasser unsere Lebensgrundlage ist. Gutes Wasser zu haben, wie in den Alpenländern, ist ein wundervolles Geschenk, das wir heute noch viel zu wenig schätzen. Exzellentes Wasser zu haben, das obendrein noch Heilwasser-Charakter hat, weil es hohe Schwingungen besitzt und vermittelt, ist eine außerordentliche Chance.

Durch die Möglichkeit, Schwingungen zu übertragen, erschließt sich uns ein weiter Anwendungsbereich. Mit der gleichen Methode, wie sich Schwingungen in Fußbodenbretter, Matratzen und Schuhsohlen einbringen lassen, können sie auch auf Wasser übertragen und so für Heilzwecke genutzt werden. In TamanGa werden wir folglich nicht nur natürliches Brunnenwasser sowie entmineralisiertes und basisches Wasser anbieten, sondern diese drei Wasserarten mit Hilfe der Chip-Technik von Adolf Wiebecke auch jeweils mit der Information der bedeutendsten Heilquellen versehen.

14
Morphische Felder genauer betrachtet

Der englische Biologe Rupert Sheldrake hat mit seiner Theorie der „formbildenden Verursachung" einiges Licht in das Entstehen von Bewusstseinsfeldern gebracht. Sheldrake war Unstimmigkeiten im Bereich biologischer Forschungen nachgegangen und darauf gekommen, dass es so etwas wie Felder geben müsse, die ohne materielle Vermittlung und ohne kausale Zusammenhänge dennoch eindeutig feststellbare Wirkungen haben.

Eines der Experimente, die ihn auf die Spur der geheimnisvollen Felder brachten, war ein Rattenversuch, der klären sollte, ob erlerntes Wissen vererbbar sei. Man hatte Ratten darauf trainiert, sehr schnell den Weg aus einem Labyrinth zu finden, und kreuzte die gelehrigsten Tiere später untereinander. Als man dann deren Junge in das Labyrinth setzte, stellte sich heraus, dass sie nur so viel

Zeit wie die trainierten Elterntiere benötigten, um heraus zu gelangen. Was wie der Beweis der Vererbung erlernten Wissens aussah, wurde jedoch von anderen Forschern angezweifelt, die das Experiment mit anderen Ratten, aber der gleichen Form von Labyrinth, auf einem anderen Erdteil wiederholt hatten. Ihre Ratten waren nämlich von Anfang an bereits auf dem Stand der Kindergeneration der ersten Ratten. Sooft man den Versuch auch wiederholte und Ratten trainierte, es noch schneller zu schaffen, übernahmen augenscheinlich nicht nur ihre Nachkommen, sondern alle Ratten weltweit dieses Wissen. Anders ausgedrückt, die Ratten dieser Welt waren immer auf demselben letzten Stand und mussten deshalb auf unerklärliche Weise miteinander verbunden sein! Das aber konnte und durfte nach herrschender Logik nicht sein.

Plötzlich entsann man sich vieler anderer logisch unerklärlicher Phänomene und entdeckte, dass Sheldrakes Theorie dafür Lösungen anbot. Warum zum Beispiel haben Marder überall auf der Welt fast zeitgleich angefangen, ihre zerstörerische Lust an Autokabeln zu stillen, obwohl sie das jahrzehntelang nicht taten? Hätte nur ein Einziger damit angefangen, hätten für die Verbreitung dieser tierischen Unsitte Jahrhunderte vergehen müssen, vorausgesetzt, dieser Marder würde sie sozusagen über konventionelle Wege an seine Nachkommen weitergeben und diese an ihre und so fort. Dadurch hätte das Kabelbeißen es allerdings wohl nie über den Kanal nach England oder gar über das Meer nach Irland geschafft. Doch ist es längst überall in Marder-Kreisen bekannt, und Autofahrer aller Herren Länder und Inseln haben schon das Staunen über diese neue Verhaltenssitte lernen müssen.

Nach intensiven Forschungen über solche bemerkenswerten Phänomene, wobei das Marder-Verhalten noch nicht einmal dazugehörte, formulierte Sheldrake seine Hypothese des morphischen Feldes („*morphic field*" früher auch als „morphogenetisches Feld" bezeichnet). Inzwischen kann er belegen, dass morphische Felder bis in den menschlichen Alltag hineinreichen und durchaus wahrnehmbar sind. Wenn man zum Beispiel Personen, die nie im Leben Hebräisch gelernt hatten, mit einer Auswahl an echten und unechten, nur hebräisch klingenden Wörtern konfrontierte, waren die meisten in der Lage, die beiden Wortgruppen zu unterscheiden. Offenbar haben die echten Wortbegriffe ein stärkeres Feld, das erkannt beziehungsweise erspürt wird. In eine ähnliche Richtung weist die schon beschriebene Erfahrung, dass die Mehrzahl der Menschen sich im Erdmagnetfeld orientieren kann, ohne es zu wissen oder auch nur daran zu glauben, und dass Sprecher und Zuhörer über synchrone Simultanbewegungen der mimischen Muskulatur verbunden sind. Sogar wir Menschen leben also in solchen Feldern, selbst wenn wir es nicht wahrhaben sollten. Hinzu kommt, dass wir – vom wissenschaftlichen Standpunkt gesehen – noch viel zu wenig über diese Felder wissen.

Formgebärende Felder, die sich ohne materielle Grundlage, und vor allem ohne den Gesetzen der kausalen Logik zu folgen, durch Raum und Zeit fortpflanzen, sprengen unseren bisherigen wissenschaftlichen Denkrahmen. Die Fortsetzung der Felder in den Raum geschieht auf so verblüffende und ähnliche Weise, wie sie den Physikern zu Beginn des letzten Jahrhunderts begegnete, so dass man unwillkürlich an die Entdeckung der Synchronizität durch die Quantenphysik denken muss. Wahrscheinlich tritt die Biologie mit diesen Entdeckungen gerade in das Stadium ihres Paradigmenwechsels ein.

Viele Dinge lassen sich schon jetzt vor dem Hintergrund der Theorie morphischer Felder erstmals befriedigend verstehen. Was zum Beispiel die Wirksamkeit von Ritualen angeht, spricht einiges dafür, dass ein Jugendlicher einer archaischen Kultur, der in die Erwachsenenwelt rituell eingeweiht wird, in das Feld der Erwachsenen eintaucht oder unter seinen Einfluss gerät. Ohne dafür intellektuell etwas lernen zu müssen, verhält er sich daraufhin automatisch wie ein Erwachsener. Er wird im wahrsten Sinne des Wortes der Einweihung teilhaftig und Teil der Erwachsenenwelt. Mit anderen Worten: Ihm geht das durch das Ritual vermittelte Feld in Fleisch und Blut über und wirkt ab dem Moment der Einweihung in ihm. Vieles weist darauf hin, dass solche Rituale durch ständige Wiederholungen ein immer stärkeres Feld entwickeln. Unter Umständen unterliegt den Ritualen genau das gleiche Phänomen, das wir nun als morphisches Feld bezeichnen.

Ein anderes Beispiel: Wenn eine gesättigte oder sogar übersättigte chemische Lösung nicht in der Lage ist, das entsprechende Salz auszufällen, gewinnt man den merkwürdigen Eindruck, als wisse sie nicht, wie es gehe. Gibt man aber ein (Vor-)Bild des zu erwartenden Kristalls in die Lösung, beginnt ein geradezu lawinenartiges Auskristallisieren, als hätte nur diese Vorlage gefehlt, um alles in Gang zu setzen.

Ein ähnliches Phänomen stellt der Siedeverzug dar. Ganz ruhiges Wasser kann man über den Siedepunkt hinaus erhitzen, ohne dass es zu kochen beginnt. Bringt man aber nur die Spur von Bewegung ins Wasser, so dass eine einzige kleine Blase entsteht, beginnt sofort und manchmal sogar explosionsartig überall zugleich der Kochprozess. Es ist, als ob dem Wasser nur die Vorlage der kleinsten Blase gefehlt habe oder eben das Feld, um dann selbst überall solche Kochblasen hervorzubringen.

In der Psychologie lassen sich ebenfalls immer wieder Phänomene beobachten, die ohne die Theorie morphischer Felder nicht einzuordnen sind. Kaum hatten zum Beispiel in der Reinkarnationstherapie Patienten frühere Leben erfahren, passierte Ähnliches auch im Rahmen anderer Therapierichtungen, etwa in der Urschrei- oder Gestalttherapie, die darauf gar nicht abzielten. Nachdem man im Denkrahmen der Freudschen Psychoanalyse jahrzehntelang in der frühen Kindheit festgehangen hatte, war plötzlich der Bann gebrochen. Überall geschah das vorher Undenkbare, ohne dass es dazu besonderer Schulungen bedurfte. Hier fühlt man sich an die Beobachtungen an Mardern und Ratten erinnert.

In ähnlicher Weise lassen sich viele weitere Erfahrungen zusammentragen, was Rupert Sheldrake auch getan hat, bis hin zur Darwinschen Evolutionstheorie. Nach dieser waren es sogenannte Spontanmutationen, die zur Höherentwicklung der Arten führten. Darwin glaubte, dass diese sich ganz zufällig ereigneten und sich nur durchsetzen konnten, wenn sie einen Evolutionsvorteil für das jeweilige Lebewesen brachten. Nach dieser Theorie hätte sich jedoch etwas so Kompliziertes wie ein Auge nie entwickeln können, denn dazu sind Hunderte von Mutationen nötig, die alle erst in ihrer Gesamtheit Sinn ergeben und einen Evolutionsvorteil bieten. Denn was kann ein Augenlid nützen, solange es keine Netzhaut und keinen Sehnerv gibt. Nach Sheldrakes Theorie der formgebenden Felder muss bereits zuvor ein Bild oder Muster existiert haben, sozusagen eine Blaupause, und nur was in diesen Rahmen passte, wurde bewahrt. Die übrigen Mutationen dagegen verschwanden wieder. So könnte sich nach einem von Sheldrake ganz unumwunden als göttlich bezeichneten Plan die Schöpfung entwickelt haben.

15

Die Macht der Felder und die Qualität der Zeit

In den Feldern könnte auch der Grund für eigenartige und schon immer auffällige „Schallmauern" in Sport, Wirtschaft und Politik liegen. Nicht selten trotzen bestimmte Rekordhöhen oder -zeiten im Leistungssport sogar für viele Jahre allen Versuchen, sie zu über- oder zu unterbieten. Geschieht es dann doch einmal, sind plötzlich zahlreiche andere Sportler ebenfalls dazu in der Lage. Ist der Bann einmal gebrochen oder das Feld etabliert, gelingt etwas plötzlich überall, was lange Zeit als schier unmöglich galt.

Nachdem Reinhold Messner erstmals ohne Sauerstoff auf die Achttausender des Himalaya gestiegen war, konnten es ihm bald etliche nachmachen. Sobald das Feld vorhanden war, ging es plötzlich. Jahrhunderte zuvor konnte es in Ermangelung eines entsprechenden Feldes nicht gelingen. Ein ähnliches Phänomen ist am schweizerischen

Matterhorn zu beobachten, das lange als geradezu unbezwingbar galt und heute fast zu einem Touristenberg geworden ist. Zwar hat sich dort am Schwierigkeitsgrad nichts geändert, aber das Feld hat sich offenbar gewandelt.

Der Bevölkerung ist längst bekannt, dass der erste Schritt immer der schwerste ist. Für ihn gibt es eben noch kein Feld und keine Vorlage. Ist beides erst einmal geschaffen, geht alles Weitere wie von selbst. Vor diesem Hintergrund gelingt es uns heute auch, über die Chip-Technik Schwingungen und damit Felder zu übertragen und uns das Leben damit erstaunlich zu erleichtern.

Mediziner wissen längst, dass bei Drogenproblemen der körperliche Entzug allein nichts nützt, weil das seelische und das soziale Feld stärker sind. Wie stark die Macht der Felder ist, kann man daran ersehen, dass dieselben Drogen, die heute in der sogenannten Ersten Welt zur Basis schrecklicher Drogenszenen werden, in ihren Herkunftsländern und deren Kultur kaum je zum Problem wurden, da sie dort in Rituale eingebunden waren. Die Indianer hatten Tabak in ihr rituelles Feld integriert, und er stellte nicht die geringste Bedrohung für sie dar. Der Alkohol der Bleichgesichter hingegen, für den sie kein rituelles Feld hatten, richtete sie schnell zugrunde. Alkohol in Form von Wein war in der Antike die Basis des orgiastischen Dionysos-Kultes und brachte in dieser Funktion, also rituell eingebunden, für die Bevölkerung keine Gefahr mit sich.

In der modernen Welt, in der die religiöse Suche aufgegeben wurde, sind folglich fast alle Drogen gefährlich. Einmal gefangen im Feld der Drogenszene, wird das Entkommen schwer, zumal wenn der Feldcharakter auch noch ignoriert und alle Schuld auf die Drogen projiziert wird, wie es bei uns fast routinemäßig geschieht. Die Drogenszene saugt ihre fluchtbereiten Opfer immer wieder auf. Deshalb versuchen Drogen-Therapeuten, mit radikalen Schnitten die jeweiligen Felder zu ändern und damit deren Macht und die der Suchtmittel zu brechen. So werden großstädtische Junkies schon mal auf in tiefster Einöde gelegene Bauernhöfe geschickt, um das alte Feld weit hinter sich zu lassen und ein neues, den Rhythmen der Natur angepasstes Feld aufzubauen.

Wie zählebig einmal etablierte Felder sein können, ist an vielen Phänomenen ablesbar. Nachdem die christliche Kirche zweitausend Jahre lang gegen die alten Felder heidnischer Kulte zu Felde gezogen ist, kehren diese heute in dem Maß, wie das christliche Feld an Gewicht verliert, wieder zurück und spielen eine zunehmende Rolle. Während zum Beispiel die spezifisch christliche Krippe an Weihnachten immer seltener auftaucht, ist der Weihnachtsbaum unverwüstlich und selbst in dieser Hinsicht ein „Evergreen". Unser Christbaum ist nun einmal nichts anderes als der alte heidnische Weihnachtsbaum, etwas Immergrünes, das als Zeichen der Unsterblichkeit des Lichtes schon von den Druiden in der tiefsten Nacht des Jahres, der Weihenacht, mit Honigkuchen und Lichtern behängt wurde. Die Weihnachtsgans, die der Gans der

Frau Holle entspricht, die dieser geweihten Nacht vorbehalten war, wird wohl ebenfalls überdauern.

Noch krasser ist das Phänomen an Ostern. Während die christliche Passion in vielen Familien kaum noch eine Rolle spielt, ist zu diesen Feiertagen der Osterhase als altes heidnisches Fruchtbarkeitssymbol nicht wegzudenken.

Die privaten Fernsehprogramme – ständig auf der Suche nach dem letzten Trend und nur noch am Mehrheitsgeschmack interessiert, der die Quote bestimmt – stehen unabsichtlich für diesen Umschwung. Sie ignorieren die christlichen Feste und Themen zunehmend, weil das im sogenannten Mainstream dahintreibende Publikum dafür immer weniger Interesse hat. Die noch an christlichem Gedankengut Festhaltenden kommen dagegen in die Jahre. Zu einer alternden Minderheit zu gehören, ist aber heutzutage werbemäßig „mega-uninteressant" – um es mit den Worten eines an Werten uninteressierten Zeitgeistes zu sagen. Allein diese Begründung könnte uns zeigen, wo wir hinstreben. Wenn wir dann dort angekommen sind und gänzlich ohne Werte dastehen, werden wir uns wahrscheinlich ziemlich wertlos fühlen. Das aber dürfte auch daran liegen, dass wir zwar die alten Felder zerstören, aber uns in den auftauchenden archaischen erst recht nicht mehr zu Hause fühlen. Für den Aufbau neuer Felder sind wir – jedenfalls im religiösen Bereich – jedoch viel zu schwach und unbewusst.

Wie zählebig die alten Felder sind, wird auch auf vielen anderen Ebenen deutlich, und neue Felder aufzubauen, ist dann der entscheidende Schritt. Wenn wir damit Erfolg haben wollen, sollten wir alle Schwingungsebenen bedenken, auf denen sie verankert werden können. Dazu gehört sicher die Ebene der Töne und damit das Feld der Musik. Ein Kreuzfahrtschiff mit einem eigenen begeisternden Lied hat etwas für sich, und die Reisenden entwickeln viel rascher ein gemeinsames Feld als auf einem quasi stummen Schiff, das keinen eigenen Song hat. Wie stark angenehme Düfte am Feld mitbauen, zeigt der Gegenpol, wenn nämlich Gestank rasch alles verpestet und verdirbt. Dass die Menschen wesentliche Beiträge zum jeweiligen Feld leisten, spüren alle Beteiligten zumindest indirekt. Wie sehr auch der Raum, seine Form und seine Lage, eine Rolle spielt, lässt sich nicht nur an Kraftorten, die manchmal sogar berühmt sind, spüren, sondern auch wieder auf dem Gegenpol eines gestörten Feldes. Kommt man in einen Raum, in dem kürzlich heftig gestritten wurde, nehmen viele noch die ungute Atmosphäre wahr, die dort gerade geherrscht hat.

16

Vom Ritual zur Informationsmedizin

Die Hypothese der morphischen Felder lässt die verblüffende Wirkung der Rituale sowohl in den archaischen Kulturen als auch in unserer modernen Gesellschaft in einem ganz neuen Licht erscheinen. Hier könnten wir ansetzen, um diese Wirkungen immer besser zu durchschauen, statt sie „nur" als seelisch oder okkult abzutun und damit große Chancen zu verpassen. Die Zeit erscheint mir mehr als reif, uns auf allen Ebenen mit Ritualen und Feldern zu beschäftigen und die Konsequenzen daraus zu ziehen. Für die Medizin ergäben sich hier im wahrsten Sinne des Wortes bahnbrechende Möglichkeiten. Für mich ist gar nicht erstaunlich, dass die Ansätze zu solch einem Umschwung im Denken weder aus der Naturwissenschaft noch aus der Schulmedizin kommen. Im Gegenteil, die Biologen haben Sheldrake letztlich aus der akademischen Forschung und Lehre verdrängt. Nur deshalb ist er in der Esoterik-Szene gelandet.

In der Medizin ist bekannt, dass die meisten bahnbrechenden Neuerungen von den etablierten Fachzeitschriften zuerst abgelehnt und entsprechende Artikel nicht veröffentlicht wurden. Deren Redakteuren fehlte die geistige Weite, um die Bedeutung so dramatischer Neuerungen, wie es etwa der erste Herzkatheter war, zu erfassen. Ähnliches geschah nach der Entdeckung des Insulins. Auch William Harveys Entdeckung des Blutkreislaufs, Anfang des 17. Jahrhunderts, wurde über einen langen Zeitraum von Medizinern, wie beispielsweise dem bayerischen Chirurgen Reisinger, verspottet, weil ihr Denken noch vom analogen Weltbild geprägt war, das von der neuen Naturwissenschaft nicht mehr nachvollzogen werden konnte.

Heute dürften wir im Hinblick auf die Felder und unsere Möglichkeiten, sie zu beeinflussen, an einem ähnlichen Punkt angelangt sein. Einerseits brauchen wir ja weder Feng Shui noch Vastu, um festzustellen, ob uns ein Raum behagt oder nicht. Andererseits stehen uns diese östlichen Lehren von der Raumqualität zur Verfügung, und sie sind nicht umsonst bei uns heute sehr populär. So half uns auch der östliche Yoga, uns hierzulande wieder mit Körperkultur zu befassen. Hätte Yesudian, einer der ersten indischen Yoga-Lehrer in Europa, nicht den Bogen von Yoga zu Sport geschlagen, hätte unsere Wiederentdeckung des Körpers als einer Quelle von Bewegungs- und Lebenslust noch viel länger gedauert.

Heute können wir die bewährten östlichen Lehren von der Raumqualität nutzen, um uns auch eigene Schritte in diesen Bereich zuzutrauen. Den Brückenschlag von der alten Lehre zu modernen Entwicklungen könnte uns ausgerechnet die Wissenschaft ermöglichen. Tatsächlich gibt es schon einige Ansätze, die uns – etwa im Hinblick auf Wiebeckes *Welle* – hierzu durchaus erstaunliche Ergebnisse liefern. Mehr zu diesen Studien im Teil III dieses Buches.

Ich selbst bin überzeugt, dass die Informationsmedizin – so ließe sich dieser neue Bereich am ehesten bezeichnen – kurz vor seinem Durchbruch steht. Von der Homöopathie bis zur bewussten Beeinflussung von Feldern mittels Informationsträgern öffnet sich hier eine riesige Palette von Möglichkeiten. Dass Wasser ein wundervoller Träger von Information ist, lehrt uns die Homöopathie seit ihrer Entdeckung, und natürlich könnten wir all unser Trink- und Brauchwasser in dieser Weise nutzen. Unsere Erfahrung mit den von Adolf Wiebecke entwickelten magnetgestützten Chips geht jedenfalls in diese Richtung. Sheldrakes Idee der morphischen Felder stützt die Erfahrung, dass sich solche Felder auch ohne Mithilfe von Wasser auf Räume ausbreiten lassen.

Dieser geistige Schritt sollte im Zeitalter von routinemäßiger Informationsspeicherung auf Magnetstreifen aller möglichen Scheckkarten inzwischen auch für viele nachvollziehbar sein. Es ist zudem kein Geheimnis mehr, dass man auf einem winzigen Chip Musik speichern kann, die dann – über Lautsprecher verstärkt und vermittelt – einen ganzen Raum in eine besondere Stimmung versetzen kann. Ähnlich vermag ein kleiner Chip in der Schuhsohle den eigenen Stand zu verbessern, und eine *Welle* wird einen Raum zu seinem und damit unserem Vorteil verändern. An der Art der Verstärkung wird hier noch auf vielen Ebenen gearbeitet, und tatsächlich scheinen die großen *Wellen* für größere Räume besser zu wirken und verschiedene Materialien ihren spezifischen Einfluss zu haben. Auch die Stärke der Magnetfelder spielt sicher eine Rolle.

17
Form und Wirkung

Die Form und Gestalt – wie an der *Welle* sichtbar – sind viel wesentlicher, als wir für den technischen Bereich immer gedacht haben. Allerdings weiß jeder aus eigener Erfahrung, dass verschiedene Formen von Gesichtern und Figuren auch verschiedene Wirkungen haben.

Dass das rotationssymmetrische Mandala eine Urform ist, wussten alle alten Kulturen und nutzten es entsprechend. Die Beispiele reichen von den tibetischen Yantras bis zu den Rosenfenstern christlicher Gotik. Heute lernen wir aus der Naturwissenschaft, dass auch Atome und Zellen sowie Himmelskörper wie Erde und Sonne dieser Form sogar bis in die dritte Dimension des Raumes entsprechen.

Ein weiteres Urmuster ist die Spirale, die wir im Kleinen beispielsweise beim Ammoniten und im Großen bei den Spiralgalaxien wiederfinden. Unsere Milchstraße ist von der Seite her gesehen ebenfalls eine riesige Spirale.

Hier verbindet sich das Mandala mit einer Richtung, anders ausgedrückt, Mandala und Pfeil kommen zusammen. Auf der Ebene unserer Psychotherapie wissen wir, dass die Seele sich bei der Empfängnis in einer Spirale in den Körper senkt und ihn im Moment ihrer Erlösung, den wir Sterben nennen, in einer solchen wieder verlässt. Zudem finden Physiker in ihren Blasenkammern, wo sie der Entstehung von Materie nachgehen, häufig Spiralmuster.

Die Welle wiederum ist in ihrem stetigen Auf und Ab Ausdruck von Rhythmus, und dass alles Leben Rhythmus ist, lehrte auf eindrucksvolle und vielfältige Weise zum Beispiel Rudolf Steiner. Ein praktisches Anwendungsgebiet ist die Rhythmisierung, durch die in Arzneimitteln das Leben erhalten bleibt. Firmen wie Wala und Weleda entstanden aufgrund dieser Erkenntnisse. Der Harvard-Professor Richard Alpert, der später zum Guru Ram Dass wurde, erklärte: „Alles Leben ist Tanz" – das heißt rhythmische Bewegung.

Der Vorsokratiker Heraklit prägte das Wort „*Panta rhei*" („Alles fließt"). Was fließt, das hat Rhythmus und ist lebendig. Solche Lebendigkeit nicht nur, aber auch symbolisch in einen Raum zu bringen, das hat sich über Jahre hinweg in meinen Seminaren mit dem Einsatz der *Welle* bewährt und ist ein zwingender Teil des gesamten Energiekonzeptes unseres neuen Zentrums TamanGa.

Zum Abschluss dazu noch eine von mir selbst am Rande miterlebte Geschichte: Als die weißen Bürger von

Namibia erkannten, dass sie mit der Apartheit auf Dauer nicht durchkommen würden, entschlossen sie sich zu verschiedenen politischen Kompromissen. Einer war die Entscheidung, der schwarzen Mehrheit wieder Farmland zurückzugeben. Dazu wurden Farmen im Damaraland aufgekauft. Die neuen schwarzen Besitzer bezogen gern die komfortablen Farmhäuser und nutzten die Stallungen für ihre Tiere, wie es die Weißen getan hatten. Nach Monaten entdeckte man aber, dass sie wieder in die Wellblechhütten zurückgezogen waren und die Farmhäuser als Stallungen nutzten. Das war den Weißen Anlass genug, von der Sinnlosigkeit und dem Scheitern solcher Aktionen auszugehen. Dabei hatten sich die Schwarzen einfach in Wohnstätten aus Wellen – nichts anderes sind ja Wellblechhütten – wohler gefühlt.

Als ich vor vielen Jahren von Adolf Wiebecke die erste *Welle* zum Ausprobieren bekam, fiel mir diese Geschichte sofort wieder ein, hat doch diese große *Welle* noch viele kleine *Wellen* in sich. Wahrscheinlich müssen wir nicht nur, aber auch in Bezug auf Wellblech umdenken!

Das Kapitel „Heilige Geometrie" in dem Buch *Harmonie*[11] des englischen Thronfolgers Prinz Charles kann wundervolle Einblicke in jene Welt der Formen geben, die zum Heil und zum Heiligen beizutragen vermag. Wahrscheinlich steht uns in diesem Bereich eine echte Revolution bevor, die das Zeitalter moderner Architektur mit ihren vom rechten

---
11 The Prince of Wales mit Tony Juniper u. Ian Skelly, *Harmonie. Eine neue Sicht der Welt*, Riemann, München 2010.

Winkel gezeichneten Plattenbauten als ein sehr dunkles erscheinen lassen wird.

Unsere eigenen Erfahrungen mit der *Welle* in gewöhnlichen Häusern und in Gebäuden, deren äußere Form der Dachkonstruktion schon zum Teil dem asiatischen Wellenmuster nachempfunden ist, sprechen eine deutliche Sprache, was wir gern zeigen und vermitteln würden.

Teil III

Forschungsberichte

Ergebnisse wissenschaftlicher Studien zu Reiz- und Störzonen

Trotz einer erdrückenden Flut von Hinweisen ist die Schulmedizin der Problematik von Störzonen lange nur mit Spott begegnet. Wie an so vieles in der Schulmedizin, habe ich mich auch daran nie gewöhnen wollen, zumal ich dem Phänomen des krankmachenden Ortes und insbesondere Schlafplatzes in den drei Jahrzehnten meiner ärztlichen Praxis oft begegnet bin. Welche Freude nun, als sich dies um das wissenschaftlich erst einmal unerklärliche Phänomen der *Welle* herum zu ändern begann. Zwar hatte ich selbst zu Beginn gegenüber der *Welle* eine kritische Haltung eingenommen, obwohl ich Adolf Wiebecke seit über zwei Jahrzehnten durch meine Seminare kannte und ihn sozusagen als alten Weggefährten schätzen gelernt hatte; aber aufgrund der positiven Erfahrungen mit der *Welle* verlor sich meine Skepsis.

Neben seiner Tätigkeit in der eigenen Baufirma war Wiebecke durch Meditation und den Fokus auf persönliche Weiterentwicklung in meinen Augen zu einem realistischen Träumer geworden. Sein Wissen über Raumqualität, mit der er sich schon als Bauunternehmer auseinandergesetzt hatte, und seine sensitive Begabung nutzte er, um in das undurchsichtige Feld der geopathogenen Zonen wissenschaftliches Licht zu bringen.

Wie gesagt, ich mochte anfangs an die *Welle*, das von ihm entwickelte „Gerät", das vordergründig ein besonders formschönes Gebilde ist, nicht so recht glauben. Vor allem die Aussage, dass die *Welle* auf alle möglichen Störzonen sowohl positiv ausgleichend als auch harmonisierend wirke, erschien mir fragwürdig. Erst die Testungen an mir selbst, bei denen mein Körper gleichsam als Messinstrument eindeutig für die *Welle* Stellung bezog, überzeugte mich. Aber sprachlos war ich, als ich die bereits vorliegenden wissenschaftlichen Daten sichtete, die ich hier im Überblick wiedergeben will. Wissenschaftler waren diesem Phänomen der Störung des Raumes und seiner Entstörung nicht nur nachgegangen, sondern hatten es auch mit objektiven Methoden bis hin zu Doppelblindstudien belegt. Auch hier gilt besonderer Dank Adolf Wiebecke, der den Anstoß zu entscheidenden Untersuchungen gab. Dass es ausnahmslos Österreicher waren, die sich hierbei hervortaten, hat noch seinen eigenen Charme.

Historische Vorbilder

Bekannt ist, dass die australischen Ureinwohner fähig waren, in ihrer natürlichen Steppenumgebung ohne alle Hilfsmittel – abgesehen von ihrer Intuition – Wasser zu finden. Die Aborigines sind dazu allerdings nur in ihrer angestammten Umgebung in der Lage. In der Zivilisation verlieren sie diese Fähigkeit weitgehend, woraus sich schon die Schwierigkeit ergibt, das Phänomen an ihnen zu untersuchen.

Historische Dokumente belegen, dass bereits in der chinesischen Frühzeit Kenntnisse über belastete Standorte existierten. In einem Dekret aus der Zeit des Kaisers Kuang Yü findet man die zwingende Vorschrift, Baugrund auf Einflüsse „böser Geister" zu untersuchen.

Aus der ägyptischen Frühzeit sprechen Grabfunde für den Gebrauch von Instrumenten, die Wünschelruten ähnlich sind. Fünftausend Jahre alte Hieroglyphen verraten bereits radiästhetische Kenntnisse. Noch viel älter ist die Darstellung eines Rutengehers in den südfranzösischen Höhlenmalereien von Lascaux, die auf ein Alter von etwa siebzehntausend Jahre geschätzt werden.

Im Hinblick auf Wassersuche und später auch auf Suche nach wertvollen Erzen hat das Rutengehen in der europäischen Geschichte eine lange Tradition. Sie reicht bis in unsere Zeit, in der die Hinzuziehung von Rutengehern bei vielen Brunnenbau-Projekten durchaus üblich ist – schlicht und einfach aus Gründen der Zeit- und Kostenersparnis.

Das Wissen um schädigende Orte und fördernde Kraftplätze ist ebenfalls uralt. Die Vermeidung belasteter Plätze dürfte früher Routine gewesen sein, sonst würden alte Häuser nicht – nach den Erfahrungen fast aller Rutengänger – fast ausnahmslos auf unproblematischen Zonen stehen. Erst unsere moderne Zeit hat solche Bedenken beiseite geschoben und wirtschaftliche wie „praktische" Aspekte weit in den Vordergrund gestellt. Das dürfte neben der wesentlich dichteren Besiedelung der entscheidende Grund für die heute gehäuft festzustellende Problematik von Störzonen sein.

Wissenschaftliche Vorgehensweise

Vorausgeschickt seien hier einige Fakten, die die Schwierigkeit der Untersuchungsmethodik lebendiger Systeme zeigen mögen und den Schwerpunkt bezeichnen, wo solche Untersuchungen Sinn machen.

Ausgehen müssen wir von der Tatsache, dass jeder lebende Organismus ein offenes System ist, das ein Gleichgewicht, die sogenannte Homöostase, zwischen seiner Innen- und Außenwelt durch ständige Regulation aufrechterhält. Diese sogenannte Adaption oder Anpassung und als ihr Ergebnis das dynamische Fließgleichgewicht zwischen dem Individuum und seiner Umwelt sind ein entscheidendes Kriterium von Gesundheit. Biologen benutzen diese Adaptionsfähigkeit nicht selten überhaupt als deren Definition. Je besser ein Organismus sich anpassen kann, desto gesünder ist er.

Alle Erfahrungen zeigen, dass solche Regulationsvorgänge über Schwingung und Rhythmus geschehen, sowohl im Hinblick auf die physischen als auch auf die seelischen Funktionen des Menschen. Der Organismus pendelt sich also um ein Optimum ein – und strebt nicht etwa dem Optimum direkt zu –, um dann dort zu verharren. Es ist also immer Bewegung mit im Spiel.

Die Dynamik geregelter Systeme wird durch rhythmische Vorgänge gewährleistet. Gesundheitsstörungen beginnen im Körperlichen mit Störungen des Rhythmus von Eigenregulation und mit dem Umschlagen in einen unlebendigen, starren Takt. Hier gilt es zu untersuchen und – so weit möglich – zu messen. Denn es kann als sicher angenommen werden, dass Reizzonen sich sehr früh und zunächst in wenig spektakulärer Art auf die Gesundheit und die Entwicklung deren Gegenteils auswirken.

Den Übergang von der Volksmedizin zur Wissenschaft markiert für unseren Themenbereich eine Doktorarbeit des österreichischen Ingenieurs Jörg Purner im Fach Architektur, aus dem Jahr 1982, mit dem Titel *Orte der Kraft – radiästhetische Untersuchungen an Kirchen und Kultstätten*. Darin vermochte er zu belegen, dass diese alten Kultplätze konsequent auf energetisch besonderen Plätzen stehen und energetischen Mustern folgen.

Auch als Professor der Architektur blieb Purner diesem Wissen verpflichtet und kann deshalb nicht nur als einer der Väter der heutigen wissenschaftlichen Auseinandersetzung mit dem Phänomen von Stör- und Reizzonen, sondern vor allem als Wegbereiter für die Anerkennung von Kraftplätzen und Orten besonderer Qualität gelten. In seinem Buch *Radiästhesie – ein Weg zum Licht?*[12] bekennt er sich auch als etablierter Wissenschaftler ganz

---

12 Jörg Purner, *Radiästhesie – ein Weg zum Licht? Mit der Wünschelrute auf der Suche nach dem Geheimnis der Kultstätten*, Astrodata, Zürich 1993.

offen zu seinem Wissen von Orten der Kraft, und über das Fernsehen machte er es einer breiten Öffentlichkeit wieder vertraut.

Die grundlegende Bergsmann-Studie, 1990

Der Erste, der wirklich wissenschaftlich, im heutigen Sinne des Wortes, das Phänomen von Reizzonen untersucht hat, war nach meiner Kenntnis der Privatdozent Dr. Otto Bergsmann, emeritierter Chefarzt des österreichischen Rehabilitationszentrums in Gröbming. Er konnte auch sofort erstaunliche Ergebnisse vorweisen.[13]

Das Phänomen des Rutengehens an sich hatte er als gegeben hingenommen. Darüber arbeitete ungefähr zur selben Zeit eine Münchner Forschungsgruppe um König und Betz.[14] Bergsmann konnte überzeugend belegen, dass es Reaktionen des menschlichen Organismus auf Störzonen gibt. Von 25 ausprobierten Messverfahren bestätigten 17 dieses Ergebnis, wobei – wissenschaftlich gesehen – bereits eine Methode ausgereicht hätte, sobald sie signifikante Ergebnisse brachte.

Zwölf Verfahren erwiesen sich letztlich als sehr geeignet, um den Zusammenhang zwischen Störzone und Reaktion des Organismus zu bestätigen, und sie förder-

---
[13] Otto Bergsmann, *Risikofaktor Standort. Rutengängerzone und Mensch. Wissenschaftliche Untersuchung zum Problem der Standorteinflüsse auf den Menschen*, Facultas, 2. Aufl. 1992.
[14] Herbert L. König/Hans-Dieter Betz, *Erdstrahlen? Der Wünschelruten-Report. Wissenschaftlicher Untersuchungsbericht*, Eigenverlag 1989.

ten tatsächlich signifikante und sogar höchstsignifikante Ergebnisse zutage. So zeigten bioelektrische Untersuchungen der Haut, sogenannte Leitwertuntersuchungen, signifikante Unterschiede zwischen Reiz- und neutralen Zonen. Kreislaufuntersuchungen, bei denen Herzfrequenzreaktionen mittels EKG bestimmt wurden, ergaben eine ebenso statistische Signifikanz wie der Orthostase-Test nach Schellong. Auch die Untersuchung der akralen (das heißt die weiter vom Rumpf entfernten Teile des Körpers wie Finger, Zehen oder Nase betreffend) Wiedererwärmungszeit zeigte auf Reizzonen signifikante Verzögerungen. Die Muskelfrequenzanalyse erbrachte ebenfalls „signifikante standortabhängige Veränderungen".

Bei den humoralen (die Körperflüssigkeiten betreffenden) Untersuchungsparametern zeigten alle drei untersuchten Immunglobuline „deutliche Reaktionen auf die Standortbelastung, die zum Teil hochsignifikant waren". Auf der Störzone war „Kalzium signifikant erhöht", und „das Spurenelement Zink war unter bestimmten Bedingungen auf der Zone höchstsignifikant vermehrt".

Bei den Neurotransmittern ergab sich folgendes Bild: „Von den sechs untersuchten Substanzen waren auf der Zone Serotonin hochsignifikant vermindert und sein metabolischer Vorläufer Tryptophan tendenziell vermehrt. Bei der Homovanillinsäure kam es zu einer signifikanten Zunahme der Streuung."

Bergsmann zog das Fazit: „Das Problem der Standortbelastung konnte als Regulationsproblem, vor allem als das Problem der standortabhängig veränderten Regelgüte, erfasst werden." Es bedeutet, dass die für die Gesundheit so entscheidenden Selbstregulationsmechanismen des Organismus auf Stör- oder Reizzonen behindert werden.

Weiterhin führte Bergsmann aus: „Die Funktionen vorbelasteter Körperareale wie auch die Funktionen generell vorbelasteter Versuchspersonen werden im Vergleich mit unbelasteten durch Standortfaktoren stärker und nachhaltiger beeinträchtigt." Kranke und vorbelastete Menschen sprechen also auf Reizzonen stärker an als Gesunde.

Es ist nach diesen Ergebnissen nicht weiter verwunderlich, dass Bergsmann feststellte: „In Hinsicht auf eine eventuell nötige Prophylaxe ist dieser Befund von Bedeutung, da durch Beseitigung interner Zusatzbelastungen ein eventueller Schaden minimiert werden kann." Soweit sein deutlicher Hinweis, vorbeugende Maßnahmen zu ergreifen, um nicht von Störzonen beeinträchtigt zu werden.

Studie von Holler, Jell, Piberger u. a., 2003

Den nächsten großen Schritt brachte mehr als zehn Jahre später eine interdisziplinäre Studie, die bereits lösungsorientiert an Störzonen heranging und an den Landeskliniken Salzburg und Wien durchgeführt wurde. Inspiriert von Adolf Wiebecke und seiner *Welle*, arbeiteten daran Wissenschaftler verschiedener Disziplinen zusammen, wobei der Pionier Otto Bergsmann einer der Berater des Projekts war. Es handelte sich um eine prospektive doppelblind durchgeführte Studie, die im Namen des Magistrats der Stadt Wien und der Stadt Salzburg sowie der Holding der Landeskliniken Salzburg durchgeführt wurde. Es stand also der ideale Rahmen zur Verfügung, um wissenschaftlich relevante Fakten unter kontrollierten Bedingungen zu erheben.

Die Studie erschien unter dem Titel „Der Einfluss von geopathogenen Zonen auf das autonome Nervensystem, Nachweis mittels EKG und Möglichkeiten zu deren Ausgleich". Gefragt wurde also nicht nur, ob sich überhaupt biologische Wirkungen an Reizzonen bestätigen lassen, sondern auch nach der Möglichkeit ihres Ausgleichs – in diesem Fall mittels der *Welle*.

Hermann Jell, einer der Autoren der Studie und Leiter des Technischen Umweltschutzes der Stadt Salzburg, fasst zusammen: „Das Ergebnis unserer Studie sowie die Erkenntnisse unserer nun fast zehnjährigen Forschungsarbeit deuten darauf hin, dass es bei längerem Aufenthalt auf geopathogenen Zonen zu einer Störung der Regulationsvorgänge und autonomen Rhythmen kommt und dadurch chronische Belastungssyndrome beim Menschen entstehen."[15]

Sowohl mit der Herzfrequenzvariabilität, kurz HRV (*heart rate variability*), die der Arzt und Spezialist für medizinische Psychologie, Michael Mück-Weymann, einen „Globalindikator für Schwingungsfähigkeit und Adaptivität bio-psychosozialer Funktionskreise im Austausch zwischen Organismus und Umwelt" nennt, als auch mit der Quintstation wurde untersucht.

Zu den von Jell zitierten Ergebnissen der Studie ist in unserem Zusammenhang erwähnenswert: „Die Werte auf der geopathogenen Zone unterscheiden sich signifikant von den Werten am neutralen Platz, in der Gruppe der feldunabhängigen Personen auch signifikant von den Ergebnissen mit positionierter Welle. Beide Reaktionen, ein übermäßiger Anstieg sowie ein Abfall der Herzfrequenzvariabilität, sind typische Stressantworten eines gesunden

---

15 Siehe dazu Hermann Jell, *Was das Herz bedrückt. Der Einfluss von geopathogenen Zonen auf das autonome Nervensystem*; in: Hagia Chora, Bd. 18, 2004.

Organismus, die bei längerem Bestehen als Risikofaktor in der Pathogenese zahlreicher Erkrankungen bekannt sind."

Und weiter heißt es: „Unabhängig von den Betrachtungen der beiden Reaktionsmuster auf Stress-Situationen ergaben sich signifikante Unterschiede der Gesamtgruppe, wenn die Probanden zusätzlich zur geopathogenen Zone einem akuten Stress ausgesetzt wurden. (...) Doch konnte die Untersuchung auch zeigen, dass wirksame Ausgleichsmaßnahmen, zum Beispiel die untersuchte Welle von Geo-Wave Research, möglich sind."

Das Fazit ist: „Mit dieser Studie ist erstmals mit wissenschaftlicher Methodik der eindeutige Nachweis der Standortproblematik gelungen, die Sensibilität des Menschen auf geopathogene Zonen sowie die Wirkung von Ausgleichsmaßnahmen konnte objektiviert werden. Die gemessenen Reaktionen machen es wahrscheinlich, dass es im Falle des Menschen bei längerer Exposition (Arbeitsplatz, Schlafplatz und Krankenbett) zu einer andauernden Belastung des Organismus kommt, die ursächlich für Erkrankungen sein kann. Gleichzeitig konnte aufgezeigt werden, dass es wirksame Ausgleichsmaßnahmen gibt, die in der Prävention gesundheitlicher Schäden wesentlich sein können."

Studie am Sozialpädagogischen Zentrum Salzburg, 2004

Eine weitere Studie beschäftigt sich mit den Wirkungen der *Welle* auf den Menschen, speziell auf die Kinder im Sozialpädagogischen Zentrum Salzburg.[16] Die Ergebnisse belegen, wie der Einsatz der *Welle* die Lebenssituation der Kinder signifikant verbesserte. Sie wachten früher auf, waren danach aktiver und aufgeweckter. Beim Spielverhalten wirkten sie ebenfalls lebendiger und waren konzentrierter, das heißt, sie blieben länger bei einem Spiel. Ihr Schlaf verbesserte sich insgesamt in dem Sinne, dass er ruhiger wurde, vor allem aber ließ sich die Zahl der Fälle von Bettnässen um 75% reduzieren.

---

16 Pilotstudie über die Wirkungen der Welle auf die am Sozialpädagogischen Zentrum Salzburg stationär aufgenommenen Kinder von März bis Mai 2004. Durchgeführt von GeoWave-Research in Zusammenarbeit mit Prof. Gerhard W. Hacker von der Paracelsus Medizinische Privatuniversität Salzburg.

Studie von Hacker und Mitarbeitern, 2005

In einer 2005 veröffentlichten Studie[17] konnte ein Team um den Medizinbiologen Gerhard W. Hacker von der Paracelsus Medizinische Privatuniversität Salzburg (PMU) in 135 000 Einzelmessungen an den Fingerkuppen-Abstrahlungen nachweisen, dass geopathische Zonen zum einen verschiedene intensive Stressphänomene im menschlichen Körper auslösen, etwa im Immunsystem und in der Zirbeldrüse im Hinblick auf die Melatoninproduktion sowie auch im Herz-Kreislauf-System. Zum anderen zeigte sich auf höchstem Signifikanzniveau (p< 0,0001), dass diese Effekte mit der *Welle* jederzeit kompensiert und harmonisiert werden konnten.

---

17 Gerhard W. Hacker u. a., *Biomedical Evidence of Influence of Geopathic Zones on the Human Body*, in: Forschende Komplementärmedizin und klassische Naturheilkunde, Bd. 12. 2005, S. 315-327.

Interview mit Chefarzt Professor Dr. Gernot Pauser, 2005

Vorstand der Universitätsklinik Anästhesiologie, perioperative Medizin und allgemeine Intensivmedizin an der Paracelsus Medizinischen Privatuniversität Salzburg; Ärztlicher Direktor des Landeskrankenhauses (St. Johanns-Spital) der Salzburger Landeskliniken

Frage: Herr Professor Pauser, als ärztlicher Leiter des St. Johanns-Spitals waren Sie einer der Ersten, der die Welle im klinischen Alltag eingesetzt hat. Warum?

Prof. Pauser: Eigentlich ganz einfach: Wir haben Pläne anfertigen lassen, auf denen die geopathogenen Störzonen, die über unser Grundstück laufen, eingezeichnet sind – und wenn es eine wissenschaftliche Methode gibt, diese aufzuheben, dann machen wir das. Dann kam der Glücksfall, dass mein Kollege Professor Hacker auf die *Welle* aufmerksam geworden ist. Wir haben das Grundstück in der Folge nachmuten lassen und, soweit mit den zuständigen Institutsleitern Einvernehmen zu erzielen war, fast den gesamten Komplex von den Fachleuten entstören lassen, mit insgesamt über fünfzig *Wellen*. Die Störzonen sind nachweisbar verschwunden, und wir haben überall im Haus wenig Stressphänomene. Das beeinflusst die Patienten, um deren Wohl wir uns zu kümmern haben. Erstens natürlich direkt; zweitens aber auch: Wenn ich ruhiger bin, gehe ich ruhiger mit meinen Mitarbeitern und Patienten um, die dadurch ihrerseits weniger gestresst werden als sonst. Das kann den Patienten nur gut tun und hat außerdem keine Nebenwirkungen.

Frage: Für viele Ihrer Kollegen sind Wasseradern, geopathogene Zonen und so weiter aber nach wie vor Hirngespinste.
Prof. Pauser: Mag sein, aber da müssen wir durch. Als wir hier vor dreißig Jahren mit Akupunktur begonnen haben, haben uns die meisten für meschugge gehalten. Doch siehe da: Auf einmal gab es harte, wissenschaftliche Fakten. Wir haben hier über fünfhundert Operationen ohne Narkose, nur mit Akupunkturnadeln durchgeführt und jene Studien erstellt, die 1986 zur vollen Anerkennung der Akupunktur durch den Obersten Sanitätsrat geführt haben. Heute ist die Akupunktur voll integriert und in vielen Bereichen die Methode der ersten Wahl – nebenbei eine ohne jede Nebenwirkung.

Frage: Und geopathogene Zonen sehen Sie ähnlich?
Prof. Pauser: Ganz klar. Wir stehen damit heute an jener Schwelle, wo wir vor dreißig Jahren mit der Akupunktur standen. Natürlich erzeugt es bei manchen Angst, wenn das alte Weltbild wankt – und deshalb müssen wir vor Pro-

fessor Hacker wirklich den Hut ziehen. Nach den vielen empirischen Daten, die wir schon haben, hat er die ersten harten Fakten geliefert, die auch der strengsten schulwissenschaftlichen Prüfung standhalten.

Frage: Welche geopathogen bedingten Stressphänomene sind bisher gesichert?
Prof. Pauser: Wir können eindeutig nachweisen, dass jene Zonen, die gute Rutengänger als Störzonen bezeichnen, den menschlichen Organismus belasten, und zwar vor allem das Herz-Kreislauf-System, das lymphatische System und die Epiphyse, die unter anderem für die Melatonin-Ausschüttung und damit die Schlafqualität zuständig ist. Wenn der Schlaf-Wach-Rhythmus gestört ist, kommt der ganze Organismus aus dem Takt, und das kann – auch das ist nachgewiesen – bis hin zu Krebs führen.

Frage: Ein belasteter Schlafplatz in einem Krankenhaus wäre demnach besonders fatal.
Prof. Pauser: Genau. Vor allem hier auf der Intensivstation sind Patienten ohnehin bereits maximal belastet; das Leben vieler hängt an einem seidenen Faden. Da werde ich doch zusätzliche Belastungen so gut ich kann fernhalten.

Frage: Noch einmal zurück zum Nachweis. Welche wissenschaftlich anerkannten Messmethoden gibt es denn überhaupt, um die Wirkung geopathogener Zonen nachzuweisen?

Prof. Pauser: Im Grunde sehr, sehr viele. Man muss sie nur anwenden wollen. Hier im Haus haben wir bisher drei Methoden verwendet: Erstens die QRS-Analyse, bei der die Periodendauer zwischen den R-Zacken im EKG verglichen wird. Diese Perioden sollten in gewissem Ausmaß schwanken. Wenn Stress auftritt, hört die Schwankung aber sofort auf. Der Organismus erstarrt sozusagen, ähnlich dem Kaninchen, das auf die Schlange starrt. Zweitens die Hautleitfähigkeit, sie zeigt akuten Stress ebenfalls sofort; das ist nicht nur messbar, sondern durch Schweiß oder Rötung auch leicht sichtbar. Drittens das GDV-Verfahren[18], das durch GeoWave-Research nach Österreich gebracht und auch in der vorliegenden Studie angewandt wurde. Wir besitzen das erste klinisch eingesetzte Gerät des Landes. Es ist für uns deshalb besonders interessant, weil es auf den Überlegungen der Akupunktur und ihrem Meridiansystem basiert und ein besonders genaues Bild jener funktionalen Störungen liefert, die mit herkömmlichen diagnostischen Mitteln nicht erfasst werden können.

Frage: Welche weiteren Anwendungsmöglichkeiten sehen Sie für Entstörungstechnologien wie die Welle?

Prof. Pauser: Soweit wir heute absehen können, wird damit eine wichtige Lücke geschlossen, denn die Grenzen der Schulmedizin werden heute immer deutlicher sichtbar. Als Intensivmediziner habe ich natürlich hauptsächlich mit An-

---

18 GDV (Gas Discharge Visualization) = Sichtbarmachung der Elektrophotonen-Gasentladung.

ästhetika und Apparatemedizin zu tun, und beide tun unendlich viel Gutes. Aber es gibt eine stetig steigende Zahl von Menschen, die mit dem breiten Spektrum der Befindlichkeitsstörungen zu uns kommen. Sie schlafen schlecht, fühlen sich antriebslos, leiden an Konzentrationsstörungen und anderem mehr. Wenn wir diese, so wie heute meist üblich, der aufwendigen und extrem teuren diagnostischen Straße der Schulmedizin – Röntgenaufnahmen, Blutproben, CT, MR und so weiter – unterziehen, finden wir nichts, und doch fühlen sich diese Leute krank. Wenn wir denen allen nicht unterstellen wollen, Hypochonder zu sein, müssen wir uns fragen, warum das so ist. Eine Antwort, die wir gefunden haben, sind eben geopathogene Zonen. Das GDV-System füllt die diagnostische Lücke, indem es zum Teil massive funktionelle Störungen anzeigt, die sich organisch noch nicht niedergeschlagen haben, das Wohlbefinden aber bereits beeinträchtigen. Ein Instrument wie die *Welle*, das diese ausgleicht, füllt die therapeutische Lücke, denn wenn der Stress der Störzone beseitigt ist, verschwinden jene Symptome, die darin ihre Ursache haben. Die Schlafqualität steigt, und das Wohlbefinden nimmt zu.

Teil IV

Nachwort

Abschließende Betrachtungen

Mit der wissenschaftlichen Bestätigung der Auswirkungen von Störzonen soll hier keinesfalls einer Art monokausaler Verursachung etwa von Krebs das Wort geredet werden, wie es – nach meiner Erfahrung – bei weniger wissenschaftlich interessierten Rutengängern häufig der Fall ist. Bergsmann macht das sehr deutlich, wenn er abschließend in seiner Studie schreibt: „Die Zone ist daher kein primärer ätiologischer Krankheitsfaktor wie ein Virus oder Bakterium etc., sondern ein Risikofaktor."

Krebs und wohl die meisten Krankheitsbilder unterliegen einer multifaktoriellen Entstehungsgeschichte. Neben den entscheidenden seelischen Einflüssen, die ich über Jahrzehnte in Büchern wie *Krankheit als Sprache der Seele* bis hin zu *Krankheit als Symbol* aufgezeigt habe, sind Ernährungsfaktoren sehr wichtig, wie in *Peace-Food* nachgewiesen, aber auch Bewegungsmangel und andere Auswirkungen modernen Lebens, wie etwa die Strahlungsfelder, die vom Mobilfunk verursacht werden und wissenschaftlich in höchstem Verdacht stehen, Gehirntumore auszulösen.

Auch soll hier keineswegs der Eindruck erweckt werden, die *Welle* könne Krebs heilen. Aber nach Durchsicht der entsprechenden Studien kann ihr ein die Gesundheit unterstützender, harmonisierender Effekt nicht abgesprochen werden, der sich sicher auch in manchen Fällen entscheidend auswirken kann. Die Beachtung von Störzonen und ihre Vermeidung und vor allem die Möglichkeit der Neutralisierung beziehungsweise Harmonisierung mittels *Welle* hat jedenfalls für die meisten Menschen rasch spürbare Effekte. Im Zentrum TamanGa, in dessen Planung und Ausstattung dieses Wissen eingeflossen ist, können wir und unsere Gäste spüren, dass es mit entsprechenden Hilfsmitteln der Schwingungsmedizin möglich ist, über die Neutralisierung hinaus förderliche Felder vorsätzlich zu schaffen, sie zu nutzen und zu genießen.

Aussichten für eine schwingungsmäßig optimierte Zukunft

Mit all der wissenschaftlichen Absicherung durch von Universitäten und entsprechenden Forschern gestützten Studien im Rücken, die nun auch kritischen Zeitgenossen den Zugang zu dieser Art von Schwingungslehre eröffnen dürfte, zeichnen sich natürlich noch einige weitere verblüffend einfach anmutende Chancen ab. Wir sind ja nicht nur in unserem Haus, dessen Schwingungssituation wir relativ einfach mit *Geonado-Wellen* verbessern können, sondern auch immer mehr unterwegs in urbanen Bereichen, die von einem beeindruckenden Wellen-Salat verunreinigt sind. Mit der – wie mir Adolf Wiebecke versicherte – gar nicht so aufwendigen Übertragung von Informationen auf Magnete und damit Chips, eröffnen sich faszinierende Möglichkeiten.

So ist es beispielsweise möglich, die Information auch auf Sohlen zu überspielen, die wir in unsere Schuhe einlegen können. Damit wären wir nicht nur von oben behütet, sondern auch von unten in einem günstigen Schwingungsfeld geborgen. Das wäre mir persönlich, der ich seit Jahrzehnten ständig auf Achse bin, eher noch wichtiger. Die Erfahrungen mit entsprechenden Schuhen, die ich bereits seit Jahren ausprobiere, ermutigen diesbezüglich jedenfalls zu großer Hoffnung. Mit solchen Schuhen, das durfte ich schon erfahren, steht man ständig auf einem Kraftplatz. Und dann *steht* man wirklich ganz anders *da*, kann besser zu sich und seinen Themen stehen und auch Schwierigkeiten leichter durchstehen, das Ver*ständ*nis wächst und die Standfestigkeit obendrein. Eigene *Stand*punkte lassen sich leichter und ver*ständ*licher vertreten, und die Verbissenheit lässt nach. Tatsächlich glaube ich inzwischen zu wissen, dass ein guter Stand auch dem Verstand zu Gute kommt.

Darüber hinaus wirken solche Unterlagen natürlich auch im Sitzen, eben solange man die Schuhe anhat. Früher hatte ich die Tendenz, mir die Schuhe, wo immer vertretbar, auszuziehen, mit diesen speziell informierten war das schon anders, und ich behielt sie gern an. Allerdings blieb das ein Hobbyprojekt, weil Schuhe bekanntlich und besonders für Damen eine solche Geschmackssache sind. Alle gewünschten Modelle in allen Größen in diesem Sinne zu präparieren und zu informieren, beziehungsweise in sie entsprechende Chips einzubauen, musste eine Illusion bleiben. Eine Einlegsohle ist dagegen in jeder Hinsicht ungleich günstiger und flexibler und könnte vielen Menschen zu einem deutlich besseren Stand im Leben verhelfen. So sehe ich hier eine große Zukunftsperspektive für dieses zwar nicht neue, aber nun erstmals auch wissenschaftlich abgesicherte Wissen. Wenn viele Menschen so viel besser dastehen, wird das auch Auswirkungen haben, die weite Kreise ziehen können.

Aber auch andere häufige Situationen des modernen Lebens könnten von dieser Schwingungstechnik profitieren, wie etwa lange Autofahrten. Nirgendwo sonst brauchen wir so viel Konzentration in einer an sich ermüdend langweiligen Situation. Hier ginge es darum, den Sitzplatz entsprechend zu informieren; und natürlich gilt das für jeden Sitzplatz, auch und vor allem den im Büro.

Hier kommt noch eine weitere Chance hinzu, denn an einem Sitz ließe sich schwingungsmäßig Einfluss auf die Chakras eins bis vier und manchmal sogar bis hinauf zu fünf nehmen. Jedes dieser Energie-Räder, dem Osten seit Jahrtausenden bekannt und vertraut, hat energetisch andere Funktionen und Aufgaben. Inzwischen sind die Chakras ebenfalls messbar in einer reproduzierbaren und damit dieser wissenschaftlichen Grundforderung gerecht werdenden Weise. Der Wiener Privatgelehrte Eggetsberger hat hier klärende Studien vorgelegt. Deren Anerkennung wird wohl noch länger auf sich warten lassen, da diese Forschung nicht – wie bei der Welle – universitär abgesichert ist. Selbst bei der *Welle* wird es dauern, weil die Ergebnisse so verblüffend und in ihrer Art neu sind und Österreich leider nicht gerade der wissenschaftliche Nabel der Welt ist. Aber wissenschaftlich interessierte unvoreingenommene Menschen können doch auch hier einen Fortschritt erkennen in Richtung Akzeptanz der Chakras und ihrer Bedeutung auch für das Leben und die Entwicklung westlicher Menschen.

Mit der Informationstechnik von Adolf Wiebecke wird es möglich, die zu jedem Chakra passenden Schwingungen auf Chips zu überspielen und auf Chakra-Höhe anzubringen, um so die Energie-Räder gesondert zu informieren und ihre Arbeit zu optimieren.

Statt nun aber aufwendig spezielle Arbeitsstühle und -sessel zu entwickeln, ist es ungleich einfacher, ein adaptierbares System zu schaffen, das sich jedem Sessel und Stuhl anpassen kann. Hierzu stelle ich mir ein Pad als Unterlage vor, auf das man sich sozusagen setzen kann, das die Energie von Kraftplätzen ausstrahlt. Daran anschließend ein Stoffband, an dem die Chakra-Chips verschiebbar angebracht sind, so dass sie sich jeder Körpergröße anpassen lassen. Da Sessel in der Regel nicht bis zum obersten Kronen-Chakra reichen, wird das Ende einfach hinten über den Sesselrand gelegt.

Der Clou wäre für mich ein Allround-System, bestehend aus einem Pad, das man sich zwischen Unterhemd und Unterhose klemmen kann, so dass das heilige oder Kreuzbein an unserer Wirbelsäulen-Basis mit der Energie von Orten der Kraft versorgt ist und das sich daran anschließende Chakra-Band mit den je nach Chakra entsprechend informierten Chips über dem Unter- und unter dem Oberhemd den Rücken und damit unsere Weltachse bedeckt. So wäre auch den ganzen Tag über die entsprechende Schwingungsunterstützung bis fast zum Hals-Chakra gewährleistet. Am Ende könnte ich mir ein ästhetisch ansprechendes Mandala vorstellen, das über dem Hemd getragen wird und gehobenes Energie-Bewusstsein beim entsprechenden Träger demonstriert.

Dieses System ließe sich gleich auch noch weiter verwenden für den anderen ebenso zentralen Lebensbereich, das Bett. Würde das Chakra-Band mit Chips für alle sieben Chakras bestückt, ließe es sich in idealer Weise auch nachts unter das Laken legen. Hier bräuchte es allerdings ein eigenes System, da für die Nacht zusätzliche beruhigende Schwingungsinformationen notwendig sind, die einen guten, entwicklungsförderlichen Schlaf unterstützen. Mit solch einer Hilfe in Gestalt eines Prototypen schlafe ich persönlich schon seit einiger Zeit und bin damit sehr zufrieden. Auf diese Weise kann man seinen perfekten Schlafplatz problemlos mit auf Reisen nehmen. Auch wenn ich nicht der fühligste und sensitivste Mensch bin, möchte ich diesen Chakra-Stab nicht mehr missen. In Textil eingearbeitet, könnte ich mir das noch schöner und zum Bett passender vorstellen.

So wäre ein Energie-bewusster Mensch nur noch beim Baden ohne entsprechenden Energie-Schirm – und auch da gäbe es schon Ansätze. Seit ich in TamanGa das mit der Energie von Heilquellen informierte Wasser genießen kann und ständig miterleben muss, wie mir der mitgenommene Vorrat auf Reisen ausgeht, träume ich von einem entsprechenden Getränke-Untersetzer, der, in ähnlicher Weise informiert, allem Trinkbaren diese Schwingungen von wichtigen Heilquellen mitgibt. Das könnte von der Wasseraufwertung bis zur Geschmacksverbesserung bei Säften und sogar Alkoholika gehen. Auch damit gibt es bereits ermutigende Anfangserfahrungen.

Persönlich sähe ich keinen Grund, warum ich diesen Getränke-Untersatz nicht auch in die Badewanne mitnehmen könnte, um mein Badewasser, dessen Qualität ich sowieso schon mit Basenpulver verbessere, auch noch mit Heilschwingungen zu veredeln. Der Gedanke ist naheliegend, denn wir kennen ja besondere Heilquellen und Thermalwässer, in denen wir seit Jahrhunderten mit Genuss baden. Warum nicht solch eine Möglichkeit im eigenen Badezimmer verwirklichen. Seit wir in TamanGa unsere Teiche mit einem speziellen Bakteriensystem, allerdings auf sehr aufwendige Weise, chemiefrei und weich halten, trinken dort sogar mit Vorliebe unsere eigenen Tiere und auch fremde. Solche Hinweise nehme ich durchaus ernst, denn den Tieren traue ich da noch die bessere Nase für das Wesentliche und die richtige Schwingung zu. Ich würde mich freuen, solche Schwingungs-Garanten auch in unseren Badeseen zu versenken, um dem Wasser auch noch diese besondere Verbesserung im Schwingungs-Niveau zu vermitteln und damit Ihnen, liebe Leser(innen), wenn Sie unsere Gäste sind. Schon zu Hause solch eine Oase im eigenen Badezimmer auf so einfache Weise zu schaffen, erscheint mir als verlockende Aussicht, und ich freue mich schon auf diese und weitere Entwicklungen in diesem wunder-vollen Feld der Heil-Schwingungen.

Ihr Ruediger Dahlke

Veröffentlichungen von Ruediger Dahlke

Neuerscheinungen
Peace-Food – Italiano-vegano. GU. 1.9.2014 • Vegan für Einsteiger. GU • Krankheit als Chance. GU • Liste vor der Kiste, Tertium. • Angstfrei leben. Arkana • Krankheit als Symbol. Bertelsmann (Überarbeitung)• Schattenreise ins Licht. Goldmann (Überarbeitung)• Schmerzfrei durch richtige Ernährung. Bucher. • Das Buch der Widerstände. Arkana, 2013. • Peace-Food – Das vegane Kochbuch. GU, 2013.

Grundlagenwerke
Die Schicksalsgesetze. Arkana, 2009. • Das Schatten-Prinzip. Arkana, 2010. • Die Lebensprinzipien (mit M. Dahlke). Arkana, 2011. • Die Kraft der vier Elemente (Bilder von B. Blum) Crotona, 2011.

Krankheitsdeutung und Heilung
Krankheit als Sprache der Seele. Goldmann, 2008. • Krankheit als Weg (mit T. Dethlefsen). Goldmann, 2000. • Frauen-Heil-Kunde (mit M. Dahlke und V. Zahn). Goldmann, 2003. • Aggression als Chance. Goldmann, 2006. • Depression. Goldmann, 2010. • Krankheit als Sprache der Kinderseele (mit V. Kaesemann). Goldmann, 2010. • Herz(ens)probleme. Goldmann, 2011. • Seeleninfarkt. Scorpio, 2012. • Das Raucherbuch. Goldmann, 2011. • Verdauungsprobleme (mit R. Hößl). Droemer Knaur, 2001.

Videobücher (Lehrprogramm auf 3 DVDs) - DVD I:
Geistige Gesetze -Spielregeln für ein glückliches Leben • DVD II: Krankheitsbilder • DVD III: Integrale Medizin - Therapien aus ganzheitlicher Sicht
Weitere Videobooks: Vegan • Fasten (alle über: www.heilkundeinstitut.at)

Weitere Deutungsbücher
Die Spuren der Seele (mit R. Fasel). GU, 2010. • Der Körper als Spiegel der Seele. Goldmann, 2009. • Die Psychologie des Geldes. Goldmann,

2011. • Mythos Erotik. Scorpio, 2013 • Woran krankt die Welt. www.heilkundeinstitut.at

Gesundheit und Ernährung
Peace Food. GU. 2011. • Das große Buch vom Fasten. Goldmann, 2008. • Mein Programm für mehr Gesundheit. Südwest, 2009. • Von Mittagsschlaf bis Powernapping. Nymphenburger, 2011. • Fasten: Das 7-Tage-Programm. Südwest, 2011. • Das kleine Buch vom Fasten. www.heilkundeinstitut.at 2011. • Sinnlich fasten (mit D. Neumayr). Nymphenburger, 2010. • Die Notfallapotheke für die Seele. Goldmann, 2009. • Meine besten Gesundheitstipps. Heyne, 2008. • Die wunderbare Heilkraft des Atmens (mit A. Neumann). Heyne, 2009.

Meditation und Mandalas
Mandalas der Welt. Goldmann, 2012. • Reisen nach Innen. Allegria, 2004. • Meditationsführer: Wege nach innen (mit Margit Dahlke). Schirner, 2005. • Schwebend die Leichtigkeit des Seins erleben. Schirner, 2012. • Arbeitsbuch zur Mandala-Therapie. Schirner, 2010. • Mandala-Malblock www.heilkundeinstitut.at

Krisenbewältigung
Lebenskrisen als Entwicklungschancen. Goldmann, 2002. • Von der großen Verwandlung. Goldmann, 2013.

Worte der Weisheit
Weisheitsworte der Seele. Crotona, 2012. • Wage dein Leben jetzt! www.heilkundeinstitut.at • Worte der Dankbarkeit und des Vertrauens. Schirner, 2011. • Habakuck und Hibbelig. Allegria, 2004.

Audios von Ruediger Dahlke
Heilmeditationen (Downloads: Arkana-Audio - CDs: www.heilkundeinstitut.at)
Allergien • Angstfrei leben • Ärger und Wut • Bewusst fasten • Das Gesetz der Polarität • Das Gesetz der Anziehung • Das Bewusstseinsfeld • Den Tag beginnen • Depression • Der innere Arzt • Die Lebensprinzipien • Die 4 Elemente • Elemente-Rituale • Energie-Arbeit • Entgiften – Entschlacken – Loslassen • Frauenprobleme •Ganz entspannt • Hautprobleme • Heilungsrituale • Herzensprobleme • Kopfschmerzen • Krebs • Le-

benskrisen als Entwicklungschance • **Leberprobleme** • Mandalas •Mein Idealgewicht • Naturmeditation • **Niedriger Blutdruck** • Partnerbeziehungen • Rauchen • Rückenprobleme • Schattenarbeit • Schlafprobleme • Schwangerschaft und Geburt • Selbstliebe • Selbstheilung • Sucht und Suche • Tiefenentspannung • Tinnitus und Gehörschäden • Traumreisen • Verdauungsprobleme • Visionen • Vom Stress zur Lebensfreude
CDs mit Download bei Integral: 7 Morgenmeditationen • Die Leichtigkeit des Schwebens • Die Heilkraft des Verzeihens • Erquickendes Abschalten mittags und abends • Schutzengel-Meditationen

Hörbücher:
Von der großen Verwandlung (Lagato), Krankheit als Weg, Die Spuren der Seele – was Hand und Fuß über uns verraten • Vorträge von R. Dahlke auf CD zu Buchthemen und mehr: www.heilkundeinstitut.at

Filme mit Ruediger Dahlke:
Die Schicksalsgesetze • Unser Biogarten • Am Anfang war das Licht • Hesses erstes Paradies • Awake • bei: www.heilkundeinstitut.at

Bezugsquelle:
Bücher, CDs, DVDs, Vegane Vitamine: B12, D, Omega-3, „Take me - Glücksnahrung", „Take me – plus", Kokosöl: www.heilkundeinstitut.at

Informationen zu Seminaren, Ausbildungen, Trainings, Vorträgen
Heil-Kunde-Institut Graz, Oberberg 92, A-8151 Hitzendorf, Tel. 00 43-316-7 19 88 85, Fax - 719 88 86; Internet: www.dahlke.at;
E-Mail: info@dahlke.at

Dahlke-Seminar-Zentrum
Taman Ga, Labitschberg 4, A-8462 Gamlitz, www.taman-ga.at

Informationen zur Arbeit von Ruediger Dahlke:
www.dahlke.at
Internetportal: www.mymedworld.cc,
Webshop: www.heilkundeinstitut.at

Adressen

Taman Ga Center
A-8462 Gamlitz, Labitschberg 4
Tel.: 0043-3453-33 600

Seminare, Reisen, Ausbildungen mit Ruediger Dahlke
Heil-Kunde-Institut Graz
Oberberg 92
A-8151 Hitzendorf
Telefon: +43-316-71 98 88-5, Fax: +43-316-71 98 88-6
Mail: info@dahlke.at

Psychotherapien
Heil-Kunde-Zentrum Johanniskirchen
Schornbach 22
D-84381 Johanniskirchen
Telefon: +49-8564-819, Fax: +49-8564-1429
www.dahlke.at

Information
www.dahlke.at
www.mymedworld.cc

Bezugsquelle der „*Welle*"
Kontakt Adolf Wiebecke
Geonado GmbH
Mail: office@geonado.at
www.geonado.at

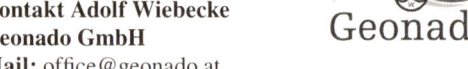

Ruediger Dahlke

Ruediger Dahlke
Weisheitsworte der Seele
Ruediger Dahlke hat dafür wundervoll einfühlsame „Weisheitsworte" verfasst, die als Schlüssel für das Tor zur Seele dienen können.
Seine Texte, seine achtsamen Beobachtungen und die zauberhaften Bilder führen auf natürliche Weise in eine innere Kontemplation, in der die „Worte der Seele" in offene Herzen fallen können.
Ein wunderschön gestalteter Geschenkband, der inspiriert und hilft, die Hektik des Alltages hinter sich zu lassen und Ruhe zu finden!
ISBN: 978-3-86191-027-5, 144 Seiten

Ruediger Dahlke
Von der großen Verwandlung
Wir sterben und werden weiterleben
Mit diesem Buch über die „große Verwandlung" spricht Ruediger Dahlke erstmals ganz offen über die letzte, die entscheidende Menschheitsfrage – das persönliche Überleben des Todes. Als Arzt und Kenner der menschlichen Seele konnte er in seiner langjährigen Praxis zahllose Erfahrungen sammeln. Anhand dieser beeindruckenden Fülle von Erlebnissen und aufgrund seiner intensiven Forschungsarbeit kommt er zu der unerschütterlichen Überzeugung: Jeder Einzelne wird als Individuum nach dem Ablegen seiner Körperhülle weiterleben!
ISBN: 978-3-86191-010-7, 144 Seiten

Ruediger Dahlke/Bruno Blum
Die Kraft der vier Elemente
Erde – Feuer – Wasser – Luft
Ruediger Dahlke über die Lebenskräfte der Natur
Mit Bildimpressionen von Bruno Blum. Ruediger Dahlkes Texte, seine Einsichten und achtsamen Beobachtungen führen ebenso hin zur Entschlüsselung der vier Elemente wie Bruno Blums meisterhafte Photographien, in denen er sowohl das äußere als auch das innere Auge anspricht.
978-3-86191-018-3, 144 Seiten

Larry Dossey
Heilungsfelder
Wenn die Seele den Körper heilt.
Psychoneuroimmunologie
Larry Dossey gilt als der Pionier für die
Erforschung eines neuen Denkens in
der modernen Medizin. Wie kaum ein
anderer Forscher hat er den Einfluss des
„Bewusstseins" auf das Heilungsgeschehen
nachgewiesen.

Dr. Dossey zeigt auf, weshalb die
„Medizin einer neuen Zeit" entweder
ganzheitlich sein oder scheitern wird! Nur wenn Denken und Fühlen, die
gesamte Bewusstseinsstruktur eines Menschen und seines Umfeldes, bei einer
Behandlung berücksichtigt werden, kann wahrhaft HEILUNG erfolgen. Deshalb
schließt Dosseys therapeutischer Ansatz auch ungewöhnliche alternative
Heilungsmethoden, wie etwa Gebets- oder Geistheilung, in seine Forschungen
mit ein. Es geht in der gegenwärtigen Situation nicht mehr um ein Entweder-
Oder zwischen Schulmedizin und alternativen Behandlungsmethoden, sondern
es geht um ein tieferes Verständnis des Wesens von Krankheit und Gesundheit.
Der Schlüssel dazu liegt nicht in den Händen eines Mediziners, sondern allein im
Bewusstsein des Menschen selbst!

Anhand von faszinierenden Fallbeispielen und bewegenden Erfahrungen aus
seiner langjährigen ärztlichen Praxis belegt Dr. Dossey, welchen immensen
Einfluss die Bewusstseinsstrukturen des Einzelnen auf sein Befinden haben. Das
„Heilungsfeld" wird durch Gedanken und Gefühle erbaut – und jeder Mensch
wirkt auf alle anderen ein und wird von ihnen beeinflusst.

Ein wahrhaft grundlegendes Buch, das auf brillante Weise umfassend und
sachkundig das Thema „Heilende Felder" beschreibt und einen neuen
Heilungskosmos zum Vorschein treten lässt!

ISBN: 978-3-86191-023-7, 340 Seiten

Wenn die Seele den Körper heilt